# 101
# माइक्रो Habits

# 101
# माइक्रो Habits

विश्वास राज

प्रभात प्रकाशन

*प्रकाशक*

**प्रभात प्रकाशन प्रा. लि.**

4/19 आसफ अली रोड, नई दिल्ली-110002

फोन : 011-23289777 • हेल्पलाइन नं. : 7827007777

इ-मेल : prabhatbooks@gmail.com ❖ वेब ठिकाना : www.prabhatbooks.com

*संस्करण*

2026



*पेपरबैक मूल्य*

तीन सौ रुपए

*मुद्रक*

आर-टेक ऑफसेट प्रिंटर्स, दिल्ली

★

**101 MICRO HABITS**
*by* Shri Vishwas Raj

Published by **PRABHAT PRAKASHAN PVT. LTD.**
4/19 Asaf Ali Road, New Delhi-110002

ISBN 978-93-5521-035-7

₹ 300.00 (PB)

# भूमिका

101 माइक्रो Habits : 101 लघु जीवन परिवर्तन, जिनमें 5 मिनट या उससे भी कम समय लगता है, आपके अत्यधिक फालतू समय की माँग किए बिना अनेक आदतें विकसित करने की एक संपूर्ण दिग्दर्शिका (गाइड) है।

आप अपने जीवन को तात्कालिक तौर पर सुधारने हेतु दर्जनों उपाय सोच सकते हैं। संभव है, इन उपायों में से प्रत्येक के पूरा होने में मात्र कुछ मिनट ही लगें। फिर समस्या क्या है? संभवत: आप यह सोच सकते हैं कि इन सभी उपायों पर अमल करने का पर्याप्त समय आपके पास नहीं है। इसका एक समाधान '101 माइक्रो Habits' की शक्ति का प्रयोग करके पाया जा सकता है।

101 माइक्रो Habits का सार यह है कि आप आदतों में लघु परिवर्तनों (जैसे फल खाने या किसी प्रियजन को प्रेम संदेश भेजने) की एक श्रृंखला बनाएँ और उस पर प्रतिदिन अमल करने का संस्कार विकसित करें।

101 माइक्रो Habits कारगर है, क्योंकि आप एक ही समय में अनेक परिवर्तनों को कार्यान्वित करने के तनाव से मुक्त हो जाते हैं। आपका लक्ष्य सामान्यतया एकल चर्या पर ध्यान केंद्रित करना होता है, जिसे पूरा होने में लगभग 15 से 30 मिनट लगते हैं। इस दिनचर्या के अंतर्गत कार्यों की एक श्रृंखला (या लघु परिवर्तन) है। कुल मिलाकर, आपको एक जाँच-सूची (चेक-लिस्ट) बनानी है और उस पर रोजाना अमल करना है। 101 माइक्रो Habits का सार यही है।

101 माइक्रो Habits पुस्तक में आपको ऐसी 101 आदतें मिलेंगी, जो आपके जीवन में त्वरित एवं तात्कालिक सुधार ला सकती हैं। इसके अतिरिक्त, आप यह भी जान सकेंगे कि एक जाँच-सूची द्वारा प्रबंधित सरल दिनचर्या कैसे बनाई जाए, जिसे आप दैनंदिन आधार पर दोहरा सकें? इससे भी अधिक अच्छी बात यह है कि आप इसमें कुछ ऐसे उपाय पाएँगे, जो आपको प्रेरित व एकाग्र बनाए रखेंगे, यहाँ तक कि यदि आप पूर्णतया तनावग्रस्त होंगे, तब भी इन काररवाइयों को अनवरत आधार पर पूरा करने हेतु ऊर्जा एवं समय निकाल लेंगे।

इस पुस्तक में जीवन के प्रत्येक क्षेत्र, स्वास्थ्य, स्वस्थता, कार्य एवं व्यक्तिगत संबंधों के विषय में दैनिक कार्य-योजना उपलब्ध कराते हैं। अन्य व्यक्तिगत विकास दिग्दर्शिकाओं (गाइडों) के विपरीत उनकी विषय-वस्तु अमल करने पर ध्यान केंद्रित करती है। अतः अति प्रचारित रणनीतियों, जो वास्तविक जगत् में शायद ही कारगर हों, को पढ़ने की बजाय आप ऐसी जानकारी प्राप्त करें, जिसे तत्काल कार्यान्वित किया जा सके।

# अनुक्रम

# 1

# नन्ही संधिकाएँ ( कब्जे ) विशाल द्वारों को डुलाती हैं

आप विलियम क्लेमेंट स्टोन की इस सरल उक्ति—'नन्ही संधिकाएँ (कब्जे) विशाल द्वारों को डुलाती हैं,' से जीवन के विषय में काफी शिक्षा प्राप्त कर सकते हैं।

उपर्युक्त सूक्ति का सीधा-सादा आशय यह है कि अनेक बड़ी उपलब्धियाँ छोटी घटनाओं के कारण होती हैं। यदि आप इस सिद्धांत को अपने जीवन पर लागू करेंगे तो आप पाएँगे कि छोटे-छोटे परिवर्तनों से आपके कारोबार एवं व्यक्तिगत तथा सामाजिक संबंधों में बड़ा लाभ होगा।

अनेक पुस्तकें (मेरी कुछ पुस्तकों सहित) जीवन में नाटकीय परिवर्तन (जैसे धूम्रपान छोड़ने, प्रतिदिन व्यायाम करने अथवा नियमित तौर पर 30 मिनट लिखने से) लाने पर बल देती हैं; परंतु बहुत सारे छोटे बदलाव करके आप अपने जीवन में बड़े अंतर देख सकते हैं।

उदाहरण के तौर पर, हम फलों के विषय में चर्चा करें। हम सब जानते हैं कि केला, सेब और संतरे खाने से सकारात्मक स्वास्थ्य-लाभ

होता है। ये फल मीठे एवं स्वादिष्ट होते हैं और कोई भी इन्हें चलते-फिरते नाश्ते की तरह खा सकता है; फिर भी 50 प्रतिशत से कुछ कम लोगों को ही फलों की दैनिक संस्तुत मात्र प्राप्त हो पाती है।

इस विषय में एक क्षण सोचें। एक फल खाने में दो मिनट लगते हैं और साथ ही उसे कहीं भी ले जाया जा सकता है। अधिकतर लोग जानते हैं कि फल खाना एक स्वस्थ आदत है; परंतु आधी से अधिक जनसंख्या अपनी दैनिक दिनचर्या से कुछ मिनट भी इस पर अमल करने के लिए नहीं निकाल पाती।

इस उदाहरण का उद्देश्य फल के जादुई लाभों के बारे में व्याख्यान देना नहीं है; बल्कि मैं आपको उस विचार से परिचित कराना चाहता था कि हम सब इस तथ्य से अवगत हैं कि हम अपने जीवन को कैसे उन्नत बना सकते हैं, परंतु उसे कार्यान्वित करने में अकसर विफल रहते हैं।

आप इसे कुछ अन्य छोटे परिवर्तनों से जोड़ सकते हैं। मैं आश्वस्त हूँ कि इसी पल आप अपने जीवन को तात्कालिक तौर पर सुधारने हेतु दर्जनों उपाय सोच सकते हैं। संभव है, इन उपायों में से प्रत्येक के पूरा होने में मात्र कुछ मिनट ही लगेंगे। फिर समस्या क्या है? संभवत: आप यह सोच सकते हैं कि इन सभी उपायों पर अमल करने का पर्याप्त समय आपके पास नहीं है।

मैं महसूस करता हूँ कि इसका समाधान वह संकल्पना है, जिसे मैं 101 माइक्रो Habits कहता हूँ।

जैसा कि आपने संभवत: अनुभव किया होगा, आपकी दिनचर्या में दर्जनों नई आदतों को शामिल कर पाना सरल नहीं है; परंतु शायद आप इस बात को महसूस नहीं करते कि एकल नई चर्या का निर्माण उचित और सरल है। 101 माइक्रो Habits का सार यह है कि आप आदतों में लघु

परिवर्तनों (जैसे फल खाने) की एक श्रृंखला बनाएँ और उस पर रोजाना अमल करने का संस्कार विकसित करें।

101 माइक्रो Habits कारगर है, क्योंकि आप एक ही समय में अनेक परिवर्तनों को कार्यान्वित करने के तनाव से मुक्त हो जाते हैं। आपका लक्ष्य सामान्यतया एकल चर्या पर ध्यान केंद्रित करना होता है, जिसे पूरा होने में लगभग 15 से 30 मिनट लगते हैं। इस दिनचर्या के अंतर्गत कृत्यों की एक श्रृंखला (या लघु परिवर्तन) है। कुल मिलाकर, आपको एक जाँच-सूची बनानी है और उस पर रोजाना अमल करना है। 101 माइक्रो Habits का सार यही है।

## मैं कौन हूँ ?

मेरी साइट का उद्‌देश्य यह दरशाना है कि आदत विकास का निरंतर प्रयास आपको उत्तम जीवन के पथ पर कैसे अग्रसर कर सकता है। आपको भाषण देने की बजाय मैं सरल रणनीतियाँ उपलब्ध कराता हूँ, जिन्हें किसी भी व्यस्त जीवन से आसानी से जोड़ा जा सकता है। यह मेरा निजी अनुभव रहा है कि दीर्घकालिक परिवर्तन लाने का सर्वोत्तम उपाय एक समय में एक गुणवत्तापूर्ण आदत विकसित करना है।

हालाँकि एक समय में एकल प्रगतिशील परिवर्तन करने के बारे में मेरा दृढ़ विश्वास है, मैंने खोज की है कि अनेक परिवर्तन लाना संभव है। कुल मिलाकर, आपको मात्र इतना करना है कि आप उसे अपनी स्मृति की जाँच-सूची में जोड़ लें।

101 माइक्रो Habits के लाभ का पहला अनुभव मुझे एक वर्ष पूर्व हुआ था। उस समय मैं अपनी प्रेमिका (गर्लफ्रेंड) से एक घंटे की दूरी पर रहता था। चूँकि वह अध्यापिका है और मुझे अपने कार्यालय के लिए

उपयुक्त स्थान की आवश्यकता थी, इसलिए हम एक-दूसरे से केवल सप्ताहांत में ही मिल पाते थे।

अंततोगत्वा कालांतर में हमारे संबंधों में तनाव आ गया। अनेक तर्कों के बाद मुझे ज्ञात हुआ कि केवल समय ही एकमात्र मुद्दा नहीं है। समस्या उसकी इस सोच से उत्पन्न हुई कि सप्ताह भर मैं उसके बारे में अधिकांशत: नहीं सोचता, या मैं एक बार भी उसे याद नहीं करता। उसने कहा कि तुम मेरी खुशी के लिए एक प्यारा सा लिखित संदेश तो भेज ही सकते थे। उसके उलाहने से हमारी समस्या का निदान मुझे मिल गया और उस क्षण मेरी खुशी का कोई ठिकाना नहीं रहा।

उसके वक्तव्य ने मुझे यह महसूस कराया कि यदि बड़ी चीजों का महत्त्व है तो छोटा सा सुझाव भी किसी के जीवन में अंतर ला सकता है। मेरी प्रेमिका मुझसे जो कुछ कह रही थी, उसे ध्यानपूर्वक सुनने के बाद मैंने अपने मन में उसे एक सुंदर प्रेम संदेश नियमित रूप से भेजने का निर्णय लिया। लगभग रातोरात हमारे संबंधों की गुणवत्ता नाटकीय रूप से सुधर गई। हालाँकि अब हम दोनों एक साथ रहते हैं, फिर भी उसे रोजाना एक सुंदर एवं उत्कृष्ट संदेश प्राप्त होता है।

यहाँ मेरे कहने का क्या आशय है?

कुल मिलाकर मैं यह कहना चाहता हूँ कि अपनी दिनचर्या में मात्र एक मिनट की आदत जोड़ने से अपने संबंधों की गुणवत्ता सुधारने में मैं सफल हो गया।

जरा अपने जीवन को ऐसी दर्जनों आदतों से भरने की कल्पना कीजिए! यह आप अपने जीवन से संबंधित किसी भी भाग, जैसे— कामकाज, रिश्तेदारी, स्वास्थ्य, संगठन एवं वित्तीय में कर सकते हैं;

लेकिन यह सब तभी संभव है, जब आप 101 माइक्रो Habits दिनचर्या का पालन करें।

## क्या यह सामान्य ज्ञान नहीं है ?

इस प्रकार की पुस्तक लिखने की एक चुनौती यह है कि इसकी कोई विषय-वस्तु सामान्य ज्ञान जैसी नजर आएगी। संभव है कि कोई अंश पढ़ने के पश्चात् आप स्वयं यह सोचें कि 'अरे, यह तो मैं पहले ही जानता था।' मैं जानता हूँ कि आपको यह बतानेवाला मैं पहला व्यक्ति नहीं हूँ कि रोजाना एक फल खाना एक अच्छी आदत है अथवा किसी महत्त्वपूर्ण व्यक्ति से अपना संबंध सुधारने हेतु यह कहना कि "मैं आपसे प्यार करता हूँ।"

101 माइक्रो Habits संकल्पना का मूल्य व्यक्तिगत आदतों से नहीं आता। हममें से अधिकतर को यह ज्ञान है कि अपनी जिंदगियों में सुधार लाने हेतु हम क्या कर सकते हैं। जो चीज हम नहीं जानते, वह यह है कि अपनी दिनचर्या में अनुसरणीय सरलतम लघु परिवर्तनों की श्रृंखला कैसे जोड़ी जाए ?

मेरा लक्ष्य आपको तेजी से आदत संबंधी विचारों की ऐसी पुस्तक उपलब्ध कराना और आपके जीवन से एक सरल प्रणाली के रूप में इसका परिचय कराना है। ये तमाम चीजें आप अगले पृष्ठों पर जान पाएँगे।

इस पुस्तक को पढ़ने के बाद आप समझ जाएँगे कि 101 माइक्रो Habits कैसे काम करता है और यह आपके जीवन को कैसे लाभान्वित कर सकता है ? कौन से छोटे बदलाव आपके लिए सही हैं और आप उनकी शुरुआत आज ही कैसे कर सकते हैं ?

सीखने के लिए बहुत है। अतः आइए, प्रारंभ करें।

□

# 2

# 101 माइक्रो Habits : संक्षिप्त परिचय

प्रत्येक व्यक्ति की अपनी व्यक्तिगत आदतें होती हैं। कुछ आदतें लेखन, व्यायाम या कोई फल खाने जैसी अच्छी हो सकती हैं। दूसरे प्रकार की आदतें अत्यंत हानिकर होती हैं, जैसे—धूम्रपान, संयम खोना या जीवनसाथी को धोखा देना। रोचक बात यह है कि बड़ी आदतों पर ध्यान देना सरल है और हम दैनंदिन आधार पर जो छोटी-छोटी हरकतें करते हैं, उन सबको भूल जाते हैं।

उदाहरण के तौर पर, संभवतः आप रोजाना अपने दाँतों को ब्रश करते हैं। यह आदत अधिक समय नहीं लेती; परंतु इसे प्रतिदिन न करने से आपके दीर्घकालिक स्वास्थ्य पर विनाशकारी प्रभाव पड़ सकता है। आपके मसूड़ों में जलन, दंतक्षीणता अथवा मुँह से दुर्गंध आ सकती है। ये सभी रोग तकलीफदेह और खर्चीले हैं, फिर भी अधिकतर लोग निरंतरता बनाए रखते हुए रोजाना दाँतों में ब्रश करके इन बीमारियों से आसानी से बच सकते हैं।

दाँतों में ब्रश करना कोई कठिन कार्य नहीं है। दरअसल, काम के

बोझ से दबे और यहाँ तक कि दुनिया के व्यस्ततम लोगों को भी ठीक से ब्रश करने हेतु पाँच मिनट का समय मिल जाता है। दुर्भाग्यवश, हमारे जीवन पर सकारात्मक प्रभाव डालनेवाली अन्य सामान्यत: छोटी-मोटी बातों के बारे में कह पाना कठिन है।

**इस बारे में जरा सोचें :** यदि आप अपने घर को साफ-सुथरा बनाने, आपकी पत्नी द्वारा किराना खरीदारी के साथ-साथ फूल खरीदने, किसी अजनबी से विनम्रता से पेश आने, अपने दैनिक खर्चों को जाँचने अथवा बचे हुए फलों को खाने जैसी आदतों को अपनी दिनचर्या में जोड़ दें तो आप अपने जीवन को कितना अधिक सुधार लाने में सफल होंगे?

ये गतिविधियाँ कितनी महत्त्वपूर्ण हैं, इसे याद दिलानेवाले सुझावों की हम सबके जीवन में बाढ़ आ जाती है; परंतु वास्तव में, आप उन पर कितना अधिक गंभीरतापूर्वक अमल करते हैं?

संभवत: अकसर नहीं।

अमल न करने का सर्वाधिक सामान्य बहाना, जो हम बनाना पसंद करते हैं, वह है समय। अनेक लोगों को यह भी महसूस होता है कि इन गतिविधियों पर अमल करने के लिए दिन के घंटे पर्याप्त नहीं हैं। बहरहाल, यदि आप दाँतों को ब्रश करने के उदाहरण को पुन: स्मरण करें तो पाएँगे कि 'सीमित समय' का बहाना साधारणतया हम इसलिए बनाते हैं, क्योंकि हम उन पर तत्काल अमल करना जरूरी महसूस नहीं करते। आपके पास अपने मोती जैसे दाँतों को ब्रश करने का पर्याप्त समय है तो आप अच्छी आदतों को अपनी दिनचर्या में जोड़ने में सक्षम क्यों नहीं हैं?

मैं सोचता हूँ कि इस प्रश्न का उत्तर उस तने से जुड़ा है, जिसे

'संज्ञानात्मक क्षमता' कहते हैं। सच्चाई यह है कि हमारी अल्पकालिक स्मृतियों की भी एक नियत सीमा है। ऐसा कहा जाता है कि औसत व्यक्ति की अल्पकालिक स्मृति केवल सात सूचनाओं को सँजोए रख सकती है। अतः संज्ञानात्मक क्षमता के पीछे यह सिद्धांत है कि चूँकि आप कुछ ही सूचनाओं को याद रख सकते हैं, अतः आपको केवल दीर्घकालिक स्मृति पर भरोसा करना होगा और उसी के अनुसार अपनी आदतों एवं स्थापित प्रक्रियाओं पर जीवन में हरेक कार्य करना होगा।

जीवन में परिवर्तनों की उस लघु सूची पर दोबारा गौर कीजिए। आपको ज्ञात है कि अपने घर को सँवारने तथा अचानक मिले किसी अपरिचित के साथ विनम्र व्यवहार कितना हितकर हो सकता है। इन गतिविधियों को हम अपनी नियमित दिनचर्या का भाग न होने के कारण आसानी से भुला सकते हैं। अधिकतर लोग रोजाना अपने दाँत इसलिए ब्रश करते हैं, क्योंकि यह आदत सुबह, शाम या खाने की अपेक्षाकृत बड़ी दिनचर्या से जुड़ी हुई है। तथ्यात्मक तौर पर यह कार्य आप खुद करते हैं, अतः यह आदत आपकी संज्ञानात्मक क्षमता पर कोई भार नहीं डालती।

101 माइक्रो Habits का उद्देश्य आपको सकारात्मक दिनचर्याएँ विकसित करने हेतु परेशान करना बिल्कुल नहीं है। इसकी बजाय मेरा लक्ष्य आपको यह दिखाना है कि आप एक सरल दिनचर्या (एक जाँच-सूची द्वारा व्यवस्थित) बनाएँ, जिसे आप नियमित तौर पर दोहराएँ। इस रणनीति से आपको अपनी संज्ञानात्मक क्षमता के बारे में चिंता करने की कोई आवश्यकता नहीं होगी, क्योंकि आपको मात्र जाँच-सूची को याद करके उसका अनुसरण करना है। आप इससे अच्छी युक्तियाँ भी विकसित कर सकते हैं, जो आपको प्रेरित एवं प्रतिबद्ध बनाए रखेंगी।

इसलिए पूरी तरह तनावग्रस्त होने के बावजूद इन आदतों पर नियमित आधार पर अमल करने के लिए आपको समय एवं ऊर्जा मिल जाएगी।

आप पाएँगे कि छोटे-छोटे बदलावों को लागू करने से आपके जीवन पर कितना उल्लेखनीय प्रभाव पड़ता है। नन्ही संधिकाएँ (कब्जे) विशाल द्वारों को डुलाती हैं—इस कहावत को स्मरण कीजिए। दैनिक आधार पर दर्जनों छोटी-छोटी आदतों पर अमल करने से आप अपने कारोबार को आगे बढ़ाने की दिशा में बड़े कदम उठाने में समर्थ होंगे। आपको ये आदतें अपने व्यक्तिगत संबंधों को मजबूत बनाने, आर्थिक स्थिति को ऊपर उठाने, सुव्यवस्थित होने तथा अपने स्वास्थ्य को सुधारने में सहायक होंगी।

101 माइक्रो Habits 'कैसे करें' की जानकारी देने से पूर्व संभवत: आपके मन में उभरे इस प्रश्न का संक्षिप्त स्पष्टीकरण देना जरूरी होगा।

☐

# 3

# लघु परिवर्तन बनाम छोटी आदतें

कुछ माह पूर्व स्टीफन गाइज ने एक अत्यंत उत्कृष्ट पुस्तक 'छोटी आदतें : बड़े परिणाम' की रचना की थी। इसका प्रमुख उद्देश्य यह जताना है कि एक अति साधारण लक्ष्य निर्धारित करके 'मूर्खवत् छोटे' लेखन से प्रारंभ करके लेखन या कार्य-निष्पादन की बड़ी आदत को कैसे बनाए रख सकते हैं। छोटी आदत का उद्देश्य प्रतिबद्ध बने रहना है। दरअसल, इस दैनिक आदत से हम जो कुछ हासिल करते हैं, प्रतिबद्धता उससे कहीं अधिक महत्त्वपूर्ण है।

स्टीफन जो उदाहरण देते हैं, उसे वे 'एक दंड-बैठक चुनौती' (वन पुशअप चैलेंज) कहते हैं। अतीत में उन्हें एक निर्धारित दिनचर्या पर बने रहने में कठिनाई हुई थी, क्योंकि उन्होंने पूरे एक वर्ष में किए जानेवाले सार्थक कार्यों को रटने की कोशिश की थी। 'दावत या दुर्भिक्ष' के इस दृष्टिकोण ने उन्हें प्रेरणा-शून्य एवं खोखला कर दिया।

एक दिन स्टीफन ने विपरीत करने का निर्णय लिया और एक पुशअप करने का लक्ष्य निर्धारित किया। सरल, सही ? उस एकल पुशअप के साथ उनकी दैनिक गतिविधि 'आवश्यकता' पूर्ण हो गई; परंतु उन्होंने 14 और पुशअप किए। उसके बाद उन्होंने एक पुलअप करने का फैसला किया। फिर वही हुआ—एक ने अनेक करने हेतु प्रेरित किया। वैसे ही

उन्होंने बैठक (सिट-अप) के मामले में किया। इस प्रकार मात्र एकल सहज पुशअप करने का लक्ष्य निर्धारित करके स्टीफन ने एक ठोस अभ्यास पूरा कर लिया।

नन्ही-आदत संकल्पना के पीछे मुख्य विचार यह था कि प्रारंभ में पर्याप्त छोटी गतिविधि से सोचना शुरू करके आप बड़ी आदत बना सकते हैं। अधिकतर लोगों को एकल पुशअप हेतु प्रेरणा की आवश्यकता नहीं होती, अतः इसे प्रारंभ करना सरल है और एक बार आप ने शुरुआत कर दी तो आप पाएँगे कि इसे करते रहना सरल है।

आप व्यायाम, उत्पादकता, स्वास्थ्य या संबंध जैसी कोई बड़ी आदत विकसित करने हेतु मिनी-हैबिट संकल्पना को लागू कर सकते हैं। यदि किसी कृत्य में वृद्धि एवं बड़ी दिनचर्या बनने की क्षमता है तो उसे नन्ही-आदत की संज्ञा दी जा सकती है।

**जिन लघु परिवर्तनों की चर्चा मैं करने वाला हूँ, उनमें और छोटी आदत के मध्य केवल क्षमता के स्तर का अंतर है।**

उदाहरण के तौर पर, अपने दाँतों को ब्रश करने के बारे में पुनः विचार करें। यह एक उत्तम लघु परिवर्तन है, जिसे हरेक को करना चाहिए; परंतु आपके पास इस रुटीन में अधिक 'विकल्प जोड़ने' का कोई उपाय नहीं है। या तो आप अपने दाँतों को ब्रश करेंगे या नहीं करेंगे।

इस पुस्तक में रेखांकित अधिकतर आदतों पर वही सिद्धांत लागू होता है। प्रत्येक एकल लाभप्रद कृत्य है। इनमें से कुछ आदतों का यदि आप विस्तार करेंगे तो प्रत्येक को मात्र कुछ मिनट करने से सर्वोत्तम परिणाम प्राप्त होगा।

अब चूँकि आप 101 माइक्रो Habits के पीछे मुख्य सिद्धांत को समझ गए हैं, अतः आइए, एक सफल 101 माइक्रो Habits दिनचर्या हेतु वांछित तत्त्वों की चर्चा करें। □

# 4

# 101 माइक्रो Habits दिनचर्या के 8 तत्त्व

*101 माइक्रो **Habits**—सुनने में यह कोई पहेली लगता है। नहीं? आदतों को एक साथ पिरोने का अर्थ है—कम समय में अधिक करना, जिसका परिणाम आपके जीवन में सकारात्मक परिवर्तन के रूप में आता है। जैसे-जैसे आप इन पदानुक्रमित कार्यों को रोजाना करते हैं, वे आपकी दैनिक दिनचर्या का अंग बनते जाते हैं।*

*पहली नजर में 101 माइक्रो **Habits** की प्रकृति थोड़ी भ्रामक लगती है, अतः आइए, इस संकल्पना के प्रत्येक तत्त्व की चर्चा करें। प्रत्येक तत्त्व की समीक्षा संकल्पना की समझ को सरल बनाती है, जो आपको अपनी निजी आदतें विकसित करने में सहायक होगी, नई दिनचर्या की रचना करेगी और आपके जीवन में छोटे व सकारात्मक परिवर्तन लाएगी।*

## तत्त्व 1 : प्रत्येक आदत पूर्ण होने में 5 मिनट से भी कम समय लगता है।

101 माइक्रो Habits दिनचर्या के अंतर्गत प्रत्येक आदत पूरी होने में पाँच मिनट से भी कम समय लगता है। इसका अर्थ यह हुआ कि प्रत्येक लक्ष्य सरल है और उसमें अधिक समय लगाने की प्रतिबद्धता नहीं है। एक आदत आसानी से पूरी होने के बाद आप अगली आदत की ओर बढ़ जाते हैं।

पाँच मिनट का समय आपके दिन का मात्र 0.35 प्रतिशत समय है, अर्थात् आपके दिन के एक प्रतिशत का मात्र एक-तिहाई समय कोई नई आदत बनाने में सहायक है, जिसका परिणाम दीर्घकालिक परिवर्तन एवं लाभ के रूप में सामने आता है। एक मिनट की त्वरित आदत का एक बड़ा उदाहरण है आपके समस्त लचर परिवर्तन को एकत्र करके एक परिवर्तन पात्र से जोड़ना, या किसी ऐसे मित्र को, जिससे आप निकट अतीत में संपर्क नहीं कर पाए, लिखित संदेश भेजना है।

## तत्त्व 2 : यह एक पूर्ण आदत है

एक पूर्ण आदत एक काररवाई है, जिसका निर्माण नहीं किया जा सकता। उदाहरणार्थ, व्यायाम करना एक ऐसी आदत है, जिसका निर्माण किया जा सकता है। व्यायाम समय के साथ बदले जा सकते हैं अथवा अधिक या कम तथा विकसित किए जा सकते हैं। 101 माइक्रो Habits के अंतर्गत यह आदत का कोई बिंदु नहीं है। प्रत्येक आदत एक पूर्ण कृत्य है, जिसे आप बहुत कम समय में पूरा कर सकते हैं, अर्थात् जितनी देर में आप अपना बिस्तर बिछाते हैं, मात्र उतनी देर में आपका कृत्य पूर्ण

हो जाता है। बुनियादी तौर पर यह प्रतिदिन किया जानेवाला समरूप कार्य है और इसे पूरा करने के समय में अधिक अंतर नहीं होता।

## तत्त्व 3 : यह आपके जीवन में सुधार लाता है

101 माइक्रो Habits आपके जीवन में सकारात्मक तौर पर सुधार लाने के उद्देश्य से किया जाता है। 101 माइक्रो Habits के साथ जो सकारात्मक परिवर्तन आते हैं, वे विशेष रूप से निम्नलिखित सात में से किसी एक क्षेत्र में हो सकते हैं। ये क्षेत्र हैं—उत्पादकता, संबंध, वित्त, संगठन, आध्यात्मिकता, मानसिक कल्याण, स्वास्थ्य, शारीरिक कल्याण एवं फुरसत।

इस पुस्तक में 97 छोटे परिवर्तन हैं, जिनसे आपके जीवन में सुधार आएगा। उदाहरणार्थ, वित्त संबंधी आदतें सदैव व्यय, बचत एवं बजट निर्माण में आपको चुस्त बनाने में सहायक होंगी। इन सभी चीजों को विशिष्ट एवं अनुसरणीय दिनचर्याओं में विभाजित किया गया है।

## तत्त्व 4 : यह पूर्ण होने में सरल है

चूँकि प्रत्येक आदत पाँच मिनट से भी कम समय में पूरी हो जाती है, अत: यह सोचना स्वाभाविक है कि कोई भी आदत जटिल या श्रमसाध्य नहीं है। प्रत्येक आदत की सरलता आपको उसे पूरा करने और अगली आदत पर अमल करने, दिनचर्या का पालन करने तथा शीघ्रता व दक्षतापूर्वक अधिकाधिक सकारात्मक परिवर्तन हेतु प्रोत्साहित करती है।

प्रत्येक आदत को पूरा करने हेतु कुछ छोटे-छोटे कदम उठाने पड़ते हैं। इसका एक उदाहरण रिटेल इ-मेल न्यूजलेटर, अर्थात् खुदरा

कंप्यूटरीकृत समाचार-पत्रों को बंद करना है। यह कार्य आप बड़ी सरलता से कुछ आसान कारवाइयों, जिनमें से प्रत्येक में मात्र कुछ सेकंड का समय लगता है, के माध्यम से कर सकते हैं।

## तत्त्व 5 : इसमें 30 मिनट से कम समय लगता है

यदि आप सभी द्रुत कार्यों को एक साथ करने की श्रृंखला बना लें तो आपकी 101 माइक्रो Habits दिनचर्या मात्र 15 से 30 मिनटों के अंदर पूरी हो जाएगी। यदि आप इस मामले में नए हैं तो उन आदतों पर ध्यान केंद्रित करके प्रारंभ करें, जिनमें आपके दिन का लगभग 15 मिनट का समय लगता है। इससे आपको अत्यधिक थकान से बचने में सहायता मिलेगी और आपकी सभी आदतों की परिपूर्णता सुनिश्चित होगी।

15 मिनट की दिनचर्या के साथ की तीन से तीस नन्हे बदलावों के साथ आपके लिए इन्हें कहीं भी पूर्ण कर पाना संभव है, यहाँ तक कि यदि आप अपनी दिनचर्या में कुछ नई आदतें जोड़ना चाहें तो आपको अपनी दिनचर्या को 30 मिनट से कम समय के भीतर पूरा करना महत्त्वपूर्ण है। यदि आप 30 मिनट से अधिक समय में पूरी होनेवाली रुटीन बनाएँगे तो इस बात की संभावना है कि आपका बहुत अधिक समय लग जाएगा और आपको अपनी सूची में शामिल प्रत्येक आदत को पूरा करना कठिन हो जाएगा।

## तत्त्व 6 : यह तार्किक प्रक्रिया का पालन करता है

आपकी 101 माइक्रो Habits दिनचर्या किसी मशीन की भाँति प्रवहमान होनी चाहिए। आप अपना प्रत्येक कार्य इस कक्ष से उस कक्ष

तक तेजी एवं निरंतरता से आते-जाते पूर्ण करें। यदि आप अपने कार्यों के मध्य अंतराल लेंगे तो आप अपना समय एवं ऊर्जा दोनों नष्ट करेंगे। इससे आपकी समूची दिनचर्या के पूर्ण होने में बाधा उत्पन्न होगी।

समूची प्रक्रिया उत्पादन श्रृंखला की भाँति सभी आदतों के पूरा होने तक अनवरत चलनी चाहिए। अपनी दिनचर्या को हर बार पूरा करें, जिससे वह आपके लिए सरल हो जाएगी और आपको उसकी आदत पड़ जाएगी, जिसका परिणाम अगले कुछ सप्ताहों या महीनों में अनेक सकारात्मक जीवन-परिवर्तनों के रूप में सामने आएगा।

## तत्त्व 7 : यह जाँच-सूची का पालन करता है

101 माइक्रो Habits कोई अटकलबाजी का खेल नहीं है, न ही इसे दैनंदिन आधार पर तत्काल किया जा सकता है। इसे समवेत समान क्रम से प्रतिदिन किए जानेवाले कार्यों का समुच्चय होना चाहिए। इनका कार्यान्वयन सुनिश्चित करने की सर्वोत्तम विधि आदतों की लिखित जाँच-सूची बनाना है। इससे आपको यह हमेशा स्मरण रहेगा कि अगला कार्य कौन सा है; और हर बार जब आप सूची के आधार पर प्रत्येक कार्य करेंगे तो आपको संतोष का अनुभव होगा।

जाँच-सूची लोगों को व्यवस्थित रखने के अतिरिक्त और भी बहुत कुछ करती है तथा उत्पादता भी बढ़ाती है। अतुल गवांडे की 'द चेकलिस्ट मैनीफेस्टो' व्यक्तिगत उत्पादकता सुधारने के उद्देश्य से सर्वाधिक पढ़ी जानेवाली पुस्तक है। यह आपकी 101 माइक्रो Habits जाँच-सूची बनाने हेतु आपको महान् अंतर्दृष्टि एवं प्रेरणा प्रदान करती है।

## तत्त्व 8: यह आपके जीवन को चुस्त बनाता है

101 माइक्रो Habits की बात चली है तो यहाँ आपको यह बताना महत्त्वपूर्ण है कि आप अपनी दिनचर्या पर बल दें। आदतों के मामले में अपनी अवस्थिति एवं दिन के समय का लाभ उठाएँ। आमतौर पर दिन के प्रथम भाग में आपकी ऊर्जा चरम पर होती है, जिसका अर्थ है कि आनेवाले दिन के लिए आपको प्रेरित एवं उत्तेजित करनेवाली आदतें पूरी करने हेतु आप पूर्णतया सजग हैं।

इसका एक बड़ा उदाहरण अपने किसी प्रियजन को कोई प्रेरणादायक कहानी या सूक्ति भेजना है। ऐसी किसी विषय-वस्तु एवं प्राप्तकर्ता के चयन में ऊर्जा लगती है; परंतु यह आदत उच्च पुरस्कारदात्री है और आपको अपने दिन की शुरुआत करने हेतु अच्छी भावना से भर देती है, ताकि आप अपनी दिनचर्या की अन्य आदतों पर अच्छी तरह अमल कर सकें।

यह अच्छी बात है कि अब आपको 101 माइक्रो Habits के सभी महत्त्वपूर्ण तत्त्वों का ज्ञान हो गया है। जब आप अपनी 101 माइक्रो Habits दिनचर्या की सूची बनाने बैठें तो इन सभी तत्त्वों को ध्यान में अवश्य रखें, क्योंकि सकारात्मक जीवन-परिवर्तनों को प्रज्वलित करने के लिए सारे तत्त्व एक साथ मिलकर काम करते हैं।

चूँकि सारे तत्त्व एक साथ काम करते हैं, इसलिए आपको एक कारगर एवं सफल 101 माइक्रो Habits दिनचर्या के निर्माण में इन सबको शामिल करने की आवश्यकता है। 101 माइक्रो Habits दिनचर्या का सही ढाँचा ही रचनात्मक एवं मूल्यवान् आदतों का आधार है, जिसका परिणाम सकारात्मक परिवर्तनों के रूप में प्राप्त होता है।

## 101 माइक्रो Habits

अब, जबकि आप यह जान गए हैं कि 101 माइक्रो Habits कैसे काम करता है, आइए, आपको अपनी दिनचर्या में जोड़े जाने योग्य महत्त्वपूर्ण लघु परिवर्तनों से अवगत कराएँ। हमने उन्हें सात विशिष्ट क्षेत्रों के अनुसार वर्गीकृत किया है—

1. उत्पादकता
2. संबंध
3. वित्त
4. संगठन
5. आध्यात्मिकता एवं मानसिक कुशलता
6. स्वास्थ्य एवं शारीरिक चुस्ती-फुरती
7. विश्राम (फुरसत)।

प्रत्येक अनुभाग में कुछ खास कृत्य हैं, जिन्हें आप अपने दिवस से संपृक्त कर सकते हैं। मेरी गारंटी है कि इनमें से सभी विचारों में आपकी रुचि नहीं होगी। मैं प्रत्येक अनुभाग को पढ़ने और उसमें से रोचक लगनेवाले तत्त्वों को चिह्नित करने का सुझाव देता हूँ।

आपके प्रत्येक अनुभाग की समीक्षा कर लेने के पश्चात् इन विचारों को आपके जीवन में सुधार लानेवाली एक कार्यपरक 101 माइक्रो Habits दिनचर्या में परिणत करने हेतु मैं एक सरल आठ-चरणीय प्रक्रिया से अवगत कराऊँगा।

□

# 5

# उत्पादकता

*उत्पादकता साधारणतया किसी निर्धारित दिवस के दौरान आप द्वारा किए गए कार्य की कार्यक्षमता की माप है। एक ओर जहाँ कार्य पूरा करने में आपकी सहायता करनेवाली अनेक समय-व्ययी आदतें हैं, कुछ लघु परिवर्तन करना संभव है, जो आपकी कार्यक्षमता के स्तर पर सकारात्मक प्रभाव डालेंगे। मैं इस बात से सहमति जताऊँगा कि संभवतः इनमें से कुछ कृत्य सामान्य ज्ञान जैसे दिखाई दें, परंतु यदि आप उनमें 15 से 30 मिनटवाली ठोस दिनचर्या जोड़ दें तो आप अपने प्रयासों की मात्रा एवं गुणवत्ता—दोनों में नाटकीय सुधार देखेंगे। अतः आइए, आपकी उत्पादकता में जोड़े जानेवाले लघु परिवर्तनों के बारे में चर्चा करें।*

## 1. अपने उद्देश्य की समीक्षा करें

प्रत्येक व्यक्ति के कुछ निश्चित उद्देश्य होते हैं। चाहे छोटा हो या बड़ा, हममें से हरेक के पास करने के लिए कुछ-न-कुछ अवश्य होता है। यह दु:खद है कि जीवन की दैनिक भाग-दौड़ हमें पथभ्रष्ट कर सकती है। आपको अपने उद्देश्य की समीक्षा करने की आवश्यकता है, ताकि आप अपने उद्देश्य को प्राप्त करने, दिन में यथार्थपरक दृष्टिकोण रखने और पूर्ण किए जानेवाले कार्यों की योजना बना सकें।

**क्रिया :** अपने लिखित उद्देश्य को किसी ऐसे स्थान पर रखें, जहाँ से उन्हें आसानी से हासिल किया जा सके। यह 'बाइंडर' या 'एवरनोट' ऐप जैसी कोई चीज हो सकती है। अपने उद्देश्य की समीक्षा हेतु दिन में एक या दो बार इस सूची को बाहर निकालें। प्रत्येक उद्देश्य को सस्वर पढ़ने में समय लगाएँ और उसकी प्राप्ति हेतु उठाए जानेवाले खास कदमों के बारे में सोचें।

**आवश्यक समय :** 5 मिनट।

## 2. एक बड़ा गिलास पानी पिएँ

शरीर में पानी की जरा सी भी कमी सिरदर्द एवं थकावट का कारण हो सकती है, आपकी एकाग्रता को प्रभावित कर सकती है, अल्पकालिक स्मृति को बाधित एवं मानसिक कार्यकलाप में रुकावट डाल सकती है। यदि आप अपनी उत्पादकता में वृद्धि करने के इच्छुक हैं तो आपके लिए अपने दिमाग की सभी बत्तियों को जलाए रखना अत्यंत महत्त्वपूर्ण है। अत: आपको कार्य प्रारंभ करने से पूर्व सुनिश्चित कर लेना चाहिए कि आपने पर्याप्त मात्रा में जल का सेवन कर लिया है।

यह स्पष्ट है कि आप प्रतिदिन एक गिलास से अधिक पानी पीना चाहते हैं। आवश्यक नियम रोजाना 8 औंसवाले 1 औंस = 226.80 मि.ग्रा. आठ गिलास (अर्थात् कुल 64 औंस) पानी पीने का है। ईमानदारी से कहें तो यह संख्या आपके वजन एवं शारीरिक श्रम के अनुसार भिन्न हो सकती है। यहाँ आपकी दैनिक आदत में जल सेवन को जोड़ना प्रमुख पाठ है।

**क्रिया :** 16 औंसवाला एक गिलास पानी पिएँ। जल चाहे गरम हो या ठंडा, स्वास्थ्य-लाभ हेतु दोनों अच्छे हैं। अतः अपनी प्राथमिकता वाला पानी उठाइए। यदि सादा जल स्वादिष्ट न लगे तो उसमें थोड़ी बर्फ डालें और नींबू निचोड़कर पिएँ। यदि आपको जल पीना सचमुच पसंद नहीं है तो विकल्प के तौर पर हर्बल चाय (ठंडी या गरम) स्वीकार्य है; परंतु उसमें चीनी बिलकुल न डालें। काली चाय या कैफीन-युक्त अन्य पेयों के सेवन से बचें।

**आवश्यक समय :** 2 मिनट।

## 3. लक्ष्य पूर्ण होने हेतु स्वयं को पुरस्कृत करें

यदि आप सारा दिन केवल काम करते रहेंगे और जरा सा भी मनोरंजन नहीं करेंगे तो शीघ्र ही ऊब जाएँगे और प्रेरणा-शून्य महसूस करेंगे। अपने आपको ऊर्जान्वित एवं अभिप्रेरित बनाए रखने हेतु अपने कार्य-लक्ष्यों के मध्य छोटे-छोटे अंतराल में विकल्पतः जलपान करते रहें। यह जलपान या दावतें न केवल अंतराल के रूप में काम करेंगी और एकाग्रता के क्षरित स्तर की भरपाई करेंगी, बल्कि छड़ी पर लगी किसी गाजर की तरह भी काम आएँगी और कार्य पूरा करने की दिशा में अधिक गति एवं उत्साह से आगे बढ़ेंगी।

**क्रिया :** अपनी सूची के प्रत्येक लक्ष्य हेतु एक उपयुक्त दावत के विषय में विचार करें। जहाँ तक दावत को लेकर किसी दिखावे का प्रश्न है, वह किसी भव्य दावत की बजाय कॉफी का एक कप, 5 मिनट के योग सत्र या आराम से पत्रिका पढ़ने के रूप में भी हो सकता है। बड़े लक्ष्यों की पूर्णता हेतु आप किसी मित्र से नाश्ते पर भेंट अथवा पहले से आपके मन को पसंद आई कोई चीज खरीदने जैसी कारगर योजना बना सकते हैं।

**आवश्यक समय :** 5 मिनट।

## 4. अपने दिवसीय कार्य की अनुसूची में कार्यों की प्राथमिकता तय करें

कम-से-कम किसी प्राथमिक अनुसूची के बिना आपके लिए आसानी से दिन बिता देना और महसूस करना कि आपने कोई महत्त्वपूर्ण उपलब्धि हासिल नहीं की, भयावह रूप से आसान है। आप दिन भर में जो काम पूरा करना चाहते हैं, उनकी कम-से-कम एक सूची बनाएँ और उसमें अपनी प्राथमिकताओं का स्थान निर्धारित करें।

**क्रिया :** दिन के अंत तक जो कार्य आप पूरा करना चाहते हैं, उसकी एक सूची बनाएँ। बहुत अधिक योजना बनाने की बजाय यथार्थवादी बनें।

प्रत्येक कार्य के महत्त्व की क्रमशः दर निर्धारित करें, जैसे—1. (अत्यावश्यक), 2. (महत्त्वपूर्ण), 3. (महत्त्वपूर्ण, किंतु समय-संवेदी नहीं) अथवा 4. (अमहत्त्वपूर्ण)।

प्रत्येक कार्य के पूर्ण होने का अनुमानित समय निर्धारित करें। अपने अनुमानों के प्रति उदार बनें।

प्रत्येक कार्य को किसी खास समय हेतु अनुसूचित करें। अपने अति महत्त्वपूर्ण कार्यों को सर्वप्रथम करने की योजना बनाएँ। अंतरालों को सूचीबद्ध करना न भूलें। यदि आप व्यस्त अनुसूची के कारण बाधित महसूस करें तो अपने कार्यों को प्रात:कालीन एवं सायंकालीन सत्रों में विभक्त करने को प्राथमिकता दें।

**आवश्यक समय :** 5 मिनट।

## 5. अपने तीन अति महत्त्वपूर्ण लक्ष्यों पर ध्यान केंद्रित करें

आपके दिन को नियोजित करने का एक अन्य तरीका अपने अति महत्त्वपूर्ण लक्ष्यों पर ध्यान केंद्रित करना है। एक निर्धारित कार्यक्रम के साथ अत्यधिक प्रयास करना सरल है। अत: यदि आप अपने दिन की समाप्ति के साथ हरेक कार्य पूर्ण नहीं करते तो आप व्याकुलता महसूस करेंगे। अपने अति महत्त्वपूर्ण कार्यों का चयन आपको प्रतिदिन इस तथ्य पर ध्यान देने का अवसर देगा, अत: कम महत्त्वपूर्ण लक्ष्यों पर अपना समय नष्ट न करें। यदि आप अपने अति महत्त्वपूर्ण कार्यों को पूरा कर लेते हैं तो आप अपने कार्यक्रमानुसार कुछ न करने के बावजूद महसूस करेंगे कि आपने कुछ सार्थक किया है।

**क्रिया :** यदि आपने अपने लक्ष्यों को पहले ही प्राथमिकताबद्ध कर लिया है तो यह कदम सरल होना चाहिए। अपनी दिवसीय सूची या कार्यक्रम से तीन उन अति महत्त्वपूर्ण कार्यों का चयन करें, जिन्हें आज ही करना आवश्यक हो। अपने अति महत्त्वपूर्ण कार्यों को पूरा करने तक आप किसी अन्य चीज पर ध्यान न दें।

**आवश्यक समय :** 1 मिनट।

## 6. लक्ष्यों को प्रबंधनीय चरणों में बदलें।

कभी-कभी कोई लक्ष्य इतना अधिक लगता है कि समझ में नहीं आता कि कहाँ से शुरू करें? इस उधेड़बुन में काम टल जाता है, जिससे अनावश्यक तनाव पैदा होता है। यदि आप पाँच-सात मिनट लगाकर प्रस्तावित कार्य अथवा परियोजना की सूची बना लें और उसे चरणों में विभक्त कर दें तो पहाड़ जैसा लगनेवाला काम भी सरल दिखाई देने लगेगा, जिससे आपकी उत्पादकता बढ़ाने में सहायता अवश्य मिलेगी।

**क्रिया :** अपनी सूची के प्रत्येक लक्ष्य/कार्य के बारे में विचार करें कि उसे छोटे-छोटे भागों में किस प्रकार विभाजित कर सकते हैं। उदाहरण के तौर पर, मान लीजिए कि आपके समक्ष ब्लॉग पोस्ट लिखने का लक्ष्य है। इसे आप निम्नवत् विभाजित कर सकते हैं—

1. शीर्षक लिखें।
2. शोध करें।
3. उपशीर्षक एवं रूपरेखा तैयार करें।
4. पोस्ट लिखें।
5. वर्तनी एवं व्याकरण की जाँच करें।
6. वेबसाइट हेतु पोस्ट का प्रारूप तैयार करें।
7. स्रोत एवं छवियों का आकार तय करें।
8. छवियों को समाहित करें।
9. अपलोड करें और पोस्ट प्रेषित करें।

किसी कार्य के विशेष चरणों में विभाजन द्वारा आपको भलीभाँति

ज्ञात हो जाएगा कि आपको अपने दिन की कार्य-सूची कैसे तैयार करनी है और उसके लिए क्या-क्या करना अनिवार्य है।

**आवश्यक समय :** 5 मिनट।

## 7. प्रत्येक युक्ति पर ध्यान दें

ऐसे लोग बहुत कम हैं, जो अपने हस्तगत कार्य पर अपना मन पूरी तरह लगाने में सक्षम होते हैं। इसकी बजाय इस बात की संभावना अधिक है कि आपका मन इधर-उधर भटके और वह अन्य परियोजनाओं तथा लक्ष्यों पर जाकर अनेक प्रकार की युक्तियों एवं विचारों से भर जाए और आपको काम से भटका दे।

इन विचारों को नजरअंदाज करने की कोशिश व्यर्थ है (क्या कभी आपने किसी चीज के बारे में न सोचने की कोशिश की है? यह असंभव है)। अतः इसकी बजाय आप उन्हें लिखें अथवा इलेक्ट्रॉनिक नोट पैड पर नोट कर लें। एक बार जब वे आपके दिमाग एवं कागज (या स्क्रीन) से बाहर हो जाएँगे तो आपका मस्तिष्क उन्हें विस्मृत कर देगा और पुनः अपने काम में लग जाएगा।

**क्रिया :** आप अपनी मेज पर एक नोट पैड रखें, ताकि आप अपने कार्य के दौरान उभरनेवाले विचारों को फौरन लिखने के लिए हमेशा तैयार रहें। वैकल्पिक तौर पर आप अपने कंप्यूटर या मोबाइल यंत्र पर नोट करने हेतु 'एवरनोट' जैसे इलेक्ट्रॉनिक प्रोग्राम का प्रयोग कर सकते हैं।

**आवश्यक समय :** प्रति विचार हेतु 1 मिनट से कम।

## 8. लघुतम लक्ष्य के प्रति वचनबद्ध हों

किसी कार्य के पूर्ण करने का कठिनतम भाग उसे प्रारंभ करना है। किसी परियोजना के शुरू करने से पूर्व हमारा दिमाग स्वाभाविक रूप से कठिनतम भागों के विपरीत चला जाता है और उसकी नीरसता से बचने के लिए अन्य रोचक कार्यों (जैसे फेसबुक चेक करना, अपने कागजी कार्यों का पुनर्गठन इत्यादि) की खोज कर लेता है। प्रारंभन की बाधा एक बार पार कर लेने के बाद आप खुशी-खुशी अपनी निर्धारित समय-सीमा को पार करके भी काम करना जारी रखेंगे।

5 मिनट तक लिखने जैसा सरल लक्ष्य तय करने के बाद आपके मन में कार्य की कठिनाई घट जाती है और प्रारंभन की बाधा समाप्त हो जाती है। यही कारण है कि मैं स्टीफन गाइज की पुस्तक 'मिनी हैबिट्स' की सादगी से प्यार करता हूँ।

**क्रिया :** अपने कठिनतम लक्ष्य पर दृष्टि डालें और उसे पूरा करने हेतु मात्र कुछ मिनटोंवाले छोटे व सरल कदम उठाने की योजना बनाएँ। कोई ऐसा सरल कार्य चुनें, जिसके बारे में आपको ज्ञात हो कि आप उसे निस्संदेह पूरा कर सकते हैं।

**आवश्यक समय :** 2 मिनट।

## 9. दूसरों को बताकर जवाबदेही तय करें

यदि आप अपनी योजना पर ईमानदारी से अमल नहीं करेंगे तो विवरणों के नियोजन में चाहे जितनी सतर्कता बरतें, उससे कुछ बहुत अच्छा नहीं होनेवाला। जब आप केवल अपने प्रति उत्तरदायी होते हैं तो

आदतन काम को टालते रहते हैं, लक्ष्यों पर काररवाई करने में विलंब करते हैं या अपने सूचीबद्ध कार्यों को कभी पूरा नहीं करते।

यदि आपके लक्ष्यों की कोई अंतर्निहित जवाबदेही (जैसे ग्राहक को बताई जानेवाली अंतिम तिथि) निर्धारित नहीं है तो उस कार्य के बारे में अन्य लोगों को बताकर एक जवाबदेही तय करें। इससे आपके इरादों का पता चलेगा और आप लक्ष्य पर सचेष्ट बने रहने हेतु स्वयं को अच्छी तरह अनुशासित करेंगे। अपनी अकर्मण्यता को स्वीकार करके आप स्वयं शर्मिंदा होना नहीं चाहेंगे। अत: यदि आपके लक्ष्यों की जानकारी सार्वजनिक होगी तो आप अधिक लगन से उसे समय पर पूरा करने का प्रयास करेंगे।

**क्रिया :** आप अपनी उत्पादकता एवं कार्य के लक्ष्यों के विषय में किसी को बताएँ। यह कार्य आप अपना कोई उत्पादकता साझीदार बनाकर कर सकते हैं, जिसे आप परस्पर जवाबदेह बनाते हुए नियमित तौर पर इ-मेल या चर्चा करके अवगत कराते रहें। विकल्प के तौर पर, आप अपने लक्ष्यों के बारे में किसी मंच पर लिखकर सोशल मीडिया पर उसकी ताजा जानकारी पोस्ट करें। सभी कृत्य आपको अपने लक्ष्य के प्रति उत्तरदायी बनाए रख सकते हैं।

**आवश्यक समय :** 5 मिनट।

## 10. भिन्न गतिविधियों हेतु समय निर्धारित करें

क्या कभी ऐसा हुआ है कि दिन बीत जाने के बाद आपको महसूस हुआ हो कि आपने सारा दिन काम किया है, परंतु आपके पास उसे दिखाने लायक कुछ न हो ? अधिकतर लोग काम में लगनेवाले वास्तविक समय से अधिक समय लगने का अनुमान लगाते हैं और अपना ढेर सारा

समय आश्चर्यजनक रूप से मूर्खतापूर्ण कार्यों में गँवा देते हैं।

अपने समय-निर्धारण द्वारा आप इस बात से सचेत हो जाएँगे कि आप अपना समय कैसे खर्च कर रहे हैं! इससे आप अपनी उत्पादकता घटानेवाले तरीकों को पहचान पाएँगे।

**क्रिया :** वैसे तो अनेक समय-निर्धारण ऐप उपलब्ध हैं, पर आप अपने प्रत्येक कार्य के प्रारंभ एवं पूर्ण होने का समय आसानी से नोट कर सकते हैं।

आप कंप्यूटर पर अपना समय कैसे बिताते हैं, इसे निर्धारित करनेवाला रेस्क्यू टाइम नामक सॉफ्टवेयर एप्लीकेशन अत्यंत सहायक है। यह पृष्ठभूमि में चलता है और प्रत्येक कार्य के अंत में एक रिपोर्ट भेजता है, जिससे आप ठीक से जान सकते हैं कि विभिन्न सॉफ्टवेयर एप्लीकेशनों एवं विभिन्न वेबसाइटों पर वस्तुतः कितना समय बिताते हैं। कम-से-कम कहने के लिए तो यह आपकी आँखें खोलनेवाला है।

**आवश्यक समय :** यदि आप कोई स्वचालित ऐप प्रयोग करते हैं तो उसे सेट करके भूल सकते हैं। लेखन कार्य में संभवतः एक दिन में 5 मिनट का समय लगता है।

## 11. कार्य प्रारंभ करने से पूर्व विकर्षण ( दुविधा ) हटाएँ

मानव बड़ा जिज्ञासु प्राणी है और अधिकतर लोग अपने कार्य सत्र के समाप्त होने तक अपने इ-मेल एवं सोशल मीडिया नोटिफिकेशनों को नजरअंदाज करना लगभग असंभव मानते हैं। यदि आप हरेक मिनट बाद किसी घंटी या ब्राउजर टैब की रोशनी से बाधित होते हैं तो वह आपकी एकाग्रता और उत्पादकता को बड़े पैमाने पर घटा देगा।

ये सामाजिक गतिविधियाँ आपके लिए आनंददायी हैं, क्योंकि ये आपके दिमाग को खुशियों से झंकृत कर देती हैं। दूसरे शब्दों में, सोशल मीडिया आपको आदी बना सकता है। फुरती से 5 मिनट में फेसबुक पर निगाह डाल लेने का आपका इरादा घंटों में बदल सकता है, क्योंकि हममें से कई लोग इसे सत्यापित कर सकते हैं।

काम को टालने के आपके दिमाग के स्वाभाविक रवैए के विरुद्ध संघर्ष करने की बजाय अपने कार्य समय के दौरान इ-मेल एवं सोशल मीडिया को बंद करके अपना अधिकतम समय बचाएँ और इससे होनेवाली रुकावटों को दूर करें।

**क्रिया :** यदि आप इ-मेल जैसी मोहित करनेवाली विकर्षण उत्पन्न करनेवाली वेबसाइट को देखने के इच्छुक नहीं हैं तो कार्य प्रारंभ करने से पूर्व उसे बंद कर दें। यदि आप अपनी इच्छा-शक्ति बढ़ाने के इच्छुक हों तो ऐसे अनेक सॉफ्टवेयर उपलब्ध हैं, जो मोहक वेबसाइटों को आपके कार्य करते समय अवरुद्ध कर सकते हैं। प्रत्येक कार्य सत्र के प्रारंभ से पूर्व सम्मोहन समाप्त करने के लिए 'स्टे फोकस्ड' या 'कोल्ड टर्की' जैसे ऐप का प्रयोग करें।

**आवश्यक समय :** 1 मिनट।

## 12. अपने डेस्कटॉप को खाली रखें

यदि आप कोलाहल एवं भीड़भाड़ से घिरे हैं तो आपके मस्तिष्क का एकाग्र एवं व्यवस्थित रह पाना कठिन है। रोजाना दिन की शुरुआत के साथ पाँच मिनट अपने कार्यस्थान को साफ-सुथरा एवं व्यवस्थित करने में खर्च करना आपको मानसिक रूप से अपनी डायरी का पन्ना

पलटने जैसा उत्पादक बनाने में सहायक होगा। अस्त-व्यस्त मेज भी अत्यधिक विकर्षणकारी है, लगातार अन्य चीजें करने की याद दिलाती रहती है। इन भौतिक विकर्षणों को दूर करने के पश्चात् आप निश्चय ही अपनी एकाग्रता के स्तर में सुधार देख सकेंगे।

केवल आपके भौतिक वातावरण को ही सुसंगठित करने की आवश्यकता नहीं है। अस्त-व्यस्त कंप्यूटर, अर्थात् स्क्रीन पर अधिक भीड़भाड़ न केवल आपका ध्यान भटकाती है, बल्कि इससे जरूरी फाइलों को खोजने में भी आपका बहुत सारा समय नष्ट हो जाता है। व्यवस्थित होने मात्र से ही आपकी उत्पादन क्षमता तत्काल बढ़ जाएगी।

**क्रिया :** कार्य दिवस हेतु आवश्यक कागजों को छोड़कर अन्य सारी चीजें मेज से हटाकर उसे साफ कर दें। प्रत्येक चीज को अपनी दृष्टि से दूर भौतिक फोल्डरों, फाइल बॉक्सों एवं दराजों में रखें।

अनावश्यक एवं अस्थायी फाइलों तथा डाउनलोडों को डिलीट करके अपने डेस्क टॉप को साफ करें। हरेक चीज को समुचित फोल्डरों में फाइल करें।

**आवश्यक समय :** 3 से 5 मिनट (मेज की अस्त-व्यस्तता पर निर्भर)।

## 13. एकाग्रता सुधारने हेतु मधुर संगीत बजाएँ

शांतिदायक संगीत परिवेशी प्राकृतिक वर्षा या समुद्री लहरों जैसी ध्वनि उत्पन्न करती है और सरल पार्श्व संगीत का शोर पंखे या काफी शॉप में वार्त्तालाप का मद्धिम स्वर आपको अपने लक्ष्यों के प्रति एकाग्र बने रहने और ध्यान केंद्रित करने में सहायक हो सकता है।

पार्श्व संगीत की निम्न स्तर की ध्वनि किसी विकर्षणकारी ध्वनि को दबाने में सहायक है और अनेक लोगों की रचनात्मकता को सुधारने में कारगर सिद्ध हुई है।

**क्रिया :** विभिन्न प्रकार की ध्वनियों के साथ प्रयोग करें और देखें कि कौन सी ध्वनि आपके एकाग्र होने में सर्वाधिक सहायक है। इसे आप किसी पंखे या एयर कंडीशनर, प्राकृतिक ध्वनियों, किसी व्यस्त कॉफी शॉप जैसा स्वर सुनानेवाली वेबसाइट पर आजमा सकते हैं। आइफोन एवं एंड्रॉइड जैसे अनेक ऐप भी हैं, जो आपके चयन हेतु भिन्न-भिन्न प्रकार के मधुर पार्श्व संगीत के स्वर उत्पन्न करते हैं।

एकाग्रता हेतु सर्वोत्तम संगीत आमतौर पर शास्त्रीय, परिवेशी या गीत-विहीन वाद्य संगीत होता है। अधिकतर लोग गीत-युक्त संगीत को अत्यंत विकर्षणकारी मानते हैं; परंतु लेखक स्टीफन किंग भारी धातु के बैकिंग ट्रैक के लिए लिखते हैं—आप हैरान होंगे कि फिर आपके लिए कौन सा संगीत कारगर है? आप अन्य प्रयोक्ताओं द्वारा यूट्यूब एवं 'स्पॉटीफाई' पर संकलित उत्पादकता प्लेलिस्ट का अवलोकन कर सकते हैं।

एक बार अपनी आदर्श कार्य-ध्वनि प्राप्त हो जाने के बाद आप कार्य प्रारंभ करने हेतु तैयार होकर इसे बजा सकते हैं।

**आवश्यक समय :** 1 मिनट।

## 14. कठिनतम ( या अति नीरस ) कार्यों को पहले करें

जब आप अपने कार्यों की सूची पर निगाह डालते हैं तो आपको लघुतर व सरल कार्यों को पहले करने का चयन रोचक लगेगा। यदि आपके पास कोई ऐसी बड़ी परियोजना है, जो आपको भयभीत कर देती

है तो इस बात की अधिक संभावना है कि आप उसे टाल दें और कुछ समय बाद उसे बंद कर दें। बहरहाल, यदि आप लीक से हटकर उस काम को पहले हाथ में लेते हैं तो आपको इस बात का संतोष हो सकता है कि उसने कार्य-सूची में पहला स्थान बना लिया और आपके शेष कार्य तुलनात्मक रूप से उसे शीतल हवा का झोंका जैसा महसूस करेंगे।

संभ्रांत संगीतकारों पर किए गए एक अध्ययन में पाया गया कि अपेक्षाकृत जानी-पहचानी धुनों पर अधिक अभ्यास करने की बजाय उन्होंने अपने कठिनतम लक्ष्यों पर जान-बूझकर अधिक अभ्यास करने पर ध्यान केंद्रित किया और अपने अभ्यास-सत्रों के दौरान अधिक कामयाब रहे। यदि आप अपनी सूची के कठिनतम कार्यों को देखेंगे तो संभवतः आप महसूस करेंगे कि यही सर्वाधिक लाभदायक लक्ष्य है।

**क्रिया :** अपने अति महत्त्वपूर्ण कार्यों की सूची देखें और उसे मौका मिलने पर अनिश्चितकाल के लिए छोड़ देने हेतु रेखांकित कर लें। उसके बारे में सोचने का मौका मिलने से पूर्व ही आप उस कार्य को प्रारंभ करें और उसके पूर्ण होने तक अन्य कार्यों के बारे में न सोचें।

**आवश्यक समय :** 1 मिनट (कठिनतम लक्ष्य के चयन हेतु)।

## 15. लघु कालखंडों में काम करें

जैसी कि पहले भी चर्चा की जा चुकी है, हमारे दिमाग आमतौर पर बड़े व कठिन कार्यों के विचार पर पक्षात्मक प्रतिक्रिया नहीं करते। बहरहाल, हम अपने कार्यों को अधिक स्वीकार्य बनाने हेतु छोटे-छोटे टुकड़ों में विभाजित करने की युक्ति अपना सकते हैं। यदि आप शांत बैठकर अपने मन से कहें कि आप तीन घंटे कार्य करने जा रहे हैं,

आपका दिमाग इस विचार पर ठिठक जाएगा और संभव है कि वह टालू रवैया अपनाए। इसकी बजाय आप अपने काम को समय के छोटे टुकड़ों में विभाजित कर दें और एक के बाद दूसरे काम के मध्य अंतराल रखें।

इस तकनीक का सर्वाधिक ख्यात संस्करण संभवतः पोमोडोरो तकनीक है। इसमें 25 मिनट काम करने के बाद 5 मिनट का अल्प विराम शामिल है। यद्यपि 25 मिनट की यह युक्ति हरेक के लिए कारगर नहीं है, अत: प्रयोग करके देख लेना लाभदायक होगा कि आपकी एकाग्रता कितनी देर बाद घटना शुरू होती है।

**क्रिया :** टाइमर को 25 मिनट (या अपने काम में लगनेवाले आदर्श समय) पर सेट करें। इसके लिए आप भौतिक रसोई घड़ी या स्टॉपवॉच अथवा किसी ऐप का प्रयोग कर सकते हैं। एंड्रॉइड एवं आईफोन हेतु अनेक 'पोमोडोरो टाइमर' ऐप उपलब्ध हैं अथवा ई-जीजीटीआईएमईआर.कॉम वेबसाइट का प्रयोग कर सकते हैं।

**आवश्यक समय :** टाइमर लगाने के लिए 1 मिनट से भी कम।

## 16. 2 मिनट नियम का प्रयोग करें

हम अकसर अपनी मौजूदा परियोजनाओं से प्रत्यक्षत: असंबंधित अप्रिय कार्यों या चीजों को उनसे पृथक् कर देते हैं, चाहे उनमें हमारा मात्र 2 मिनट का समय ही क्यों न लगे। इससे अनेक कार्य शेष रह जाते हैं और बाद में करने पर उनमें काफी अधिक समय लगता है।

उदाहरणार्थ, यह अत्यंत चुस्त एवं कम नाखुशगवार है कि आप भोजन के बाद तत्काल अपनी प्लेट साफ कर दें, बजाय इसके कि उसे दिन के अंत में साफ करने हेतु सिंक में प्लेटों का ढेर लगा दें।

**क्रिया :** यदि किसी काम में 2 मिनट या उससे कम समय लगता है तो उसे फौरन कर लें और आगे बढ़ जाएँ।

**आवश्यक समय :** 2 मिनट।

## 17. कृत कार्य-सूची लिखें

अधिकतर लोग किए जानेवाले कार्यों की सूची से परिचित हैं, परंतु यदि आप अधिक योजना बनाते हैं तो ऐसी सूचियाँ आपको शीघ्र ही व्यथित एवं प्रेरणा-शून्य बना सकती हैं। प्रतिदिन प्राप्त हरेक चीज के लेखन द्वारा आप प्रेरित महसूस करके अपने काम में लग जाते हैं।

**क्रिया :** ज्यों ही आप कोई कार्य पूरा करें, उसे नोट कर लें या दिन की समाप्ति पर स्मरण करके आपने दिन भर में जो कुछ किया है, उसकी सूची बना लें। इसे आप कागज या 'आईडनदिस' जैसे ऐप पर कर सकते हैं।

**आवश्यक समय :** 5 मिनट।

□

# 6

# वित्त-प्रबंधन

*अपनी वित्तीय स्थिति सुधारने हेतु अनुशासन एवं ध्यानपूर्वक काम करने की आवश्यकता होती है। सचमुच, जब आप इस विषय में विचार करते हैं तो जो पैसा आपके पास है, उसे सार्थक रूप में व्यय करना दैनिक आधार पर उत्पन्न होनेवाली इच्छाओं पर निर्भर करता है। सौभाग्यवश, चुस्त वित्तीय इच्छाएँ हमेशा बहुत अधिक फुरसत की माँग नहीं करतीं। तथ्यात्मक रूप से ऐसी अनेक छोटी-छोटी काररवाइयाँ हैं, जो आप अपनी ताजा स्थिति सुधारने हेतु रोजाना कर सकते हैं।*

## 18. बीते कल के खर्चों को लिखें

अपने खर्चों के प्रति सावधानी रखना निजी वित्तीय प्रबंधन का सर्वोत्तम उपाय है। प्रत्येक खरीदी गई वस्तु के साथ-साथ उसकी कीमत लिखने से आपको अपनी खर्च करने की आदतों के विषय में व्यापक अंतर्दृष्टि मिलेगी। कुछ ही समय में आप अपने व्यय रुझानों से अवगत

हो जाएँगे और यह निर्णय करने में आसानी से सक्षम हो जाएँगे कि पैसा बचाने हेतु उसमें कहाँ कटौती की जा सकती है।

**क्रिया :** विगत दिवस (कल) से प्रत्येक खर्च को लिखने हेतु चेकबुक या नोटबुक का प्रयोग करें। खर्चों को याद करके लिखने की कोशिश करने की अपेक्षा अपनी रसीदें सँभालकर रखने से यह कार्य अत्यंत सरल हो जाता है। दिन में प्रत्येक वस्तु एवं कर सहित उसका मूल्य लिखें। आप यह भी लिख सकते हैं कि आपने नकद भुगतान किया है या चेक अथवा क्रेडिट कार्ड से।

**आवश्यक समय :** 3 मिनट।

## 19. धन का स्थानांतरण

यह जानना अत्यंत महत्त्वपूर्ण है कि आपके पास कितना धन है और वह कहाँ है। यदि आपको अपने धन की जानकारी है तो आप अच्छी तरह तय कर सकते हैं कि उसे कैसे बचाने या खर्च करने की जरूरत है। हैसियत से अधिक उधारी और चेक बाउंस होनेवाली आदतें खर्चीली हैं, जिन्हें आप आसानी से त्याग सकते हैं।

**क्रिया :** अपने प्रत्येक बैंक या ऋण संघ के खाते पर नजर डालें। प्रत्येक खाते में कितना धन है, उसे लिख लें। निर्णय करें कि क्या आपको खर्च या बिलों के भुगतान हेतु एक खाते से दूसरे खाते में धन का स्थानांतरण करना है अथवा नहीं!

**आवश्यक समय :** 5 मिनट।

## 20. भोजन, कॉफी या नाश्ता पैक करें

घर में लंच बनाकर उसे ऑफिस ले जाना और घर में कॉफी बनाकर उसे यात्रा पर ले जाना आपके लिए न केवल स्वास्थ्यकर है, बल्कि सस्ता भी पड़ता है। रोजाना लंच या कॉफी के लिए बार-बार बाहर जाने से आपका खर्च बढ़ जाता है और आपको सैकड़ों रुपए की चपत पड़ती है; जबकि लंच या कॉफी घर में उस खर्च के मात्र एक-तिहाई हिस्से में तैयार हो सकती है।

**क्रिया :** रसोई में जाकर देखें कि आप नाश्ते या लंच के लिए क्या ले जा सकते हैं? उसे अपने पर्स या कार की चाबियों के पास रख दें, ताकि निकलते समय आप उसे भूलें नहीं या घर में कॉफी बनाकर उसे यात्रा मग का प्रयोग करते हुए अपने साथ ले जाएँ।

**आवश्यक समय :** 2 मिनट।

## 21. जरूरतों हेतु कूपन लें

कुछ ऐसे उत्पाद हैं, जिन्हें आपको किसी भी कीमत पर खरीदने की जरूरत है तो प्रत्येक वस्तु के लिए अधिक भुगतान न करें। साबुन और नैपकिन जैसी जरूरतों हेतु कूपनों का प्रयोग करके ढेर सारा पैसा बचाएँ।

**क्रिया :** टॉयलेट पेपर, कचरा बैगों और पेपर टॉवेल जैसी जरूरी चीजों के लिए कूपन खरीदने हेतु रोजाना अखबार देखें या वेबसाइट पर ब्राउज करें। कूपनों को अखबार से काट लें (या उन्हें इंटरनेट के जरिए प्रिंट कर लें) और उन्हें अपने बटुए में सहेजकर रख लें,, ताकि आप अगली बार वे जरूरी चीजें खरीद सकें।

**आवश्यक समय :** 3 मिनट।

## 22. कोई निजी वित्तीय लेख पढ़ें

यह कदापि आवश्यक नहीं है कि आप बहुत पढ़े-लिखे, खासतौर से वित्त के मामले में, हों। उत्तम वित्तीय निर्णय लेने हेतु अर्थव्यवस्था एवं व्यक्तिगत वित्त के बारे में जानना अत्यंत महत्त्वपूर्ण है। अधिक पैसा बचाना और खर्चीली गलतियाँ करने से बचने के विषय में दूसरे लोगों से सीखना एक बड़ा उपाय है।

**क्रिया :** व्यक्तिगत वित्त के विषय में कोई लेख खोजने हेतु गूगल, याहू या बिंग का प्रयोग करें। चाहे वह कोई परामर्शदायी स्तंभ हो अथवा किसी विशेषज्ञ द्वारा लिखित दैनिक लेख हो, यह निश्चित है कि वे आपको निजी वित्त के मामले में अंतर्दृष्टि उपलब्ध कराने के साथ-साथ अपनी निजी वित्तीय स्थिति में परिवर्तन लाने हेतु प्रेरणा भी प्रदान करेंगे।

**आवश्यक समय :** 5 मिनट।

## 23. बत्तियाँ एवं उपकरण बंद करें

पैसा बचाने का यह सरलतम उपाय है। अपने घर, दफ्तर या अपार्टमेंट में उपकरणों एवं बत्तियों को बंद करके आप उल्लेखनीय मात्रा में धन की बचत कर सकते हैं। चूँकि इस उपाय से पैसा बचाना महत्त्वपूर्ण और सरल है, अतः अपने धन व पर्यावरण की बचत एवं सुरक्षा हेतु इस पर अमल करें।

**क्रिया :** अपने घर, ऑफिस या अपार्टमेंट के आसपास देखें। सभी लाइटों और प्रयोग न किए जा रहे उपकरणों को तत्काल बंद कर दें।

**आवश्यक समय :** 2 मिनट।

## 24. शिथिल परिवर्तन को किनारे रखें

पौवा यहाँ और गिलट वहाँ रखने से कुछ कारगर नहीं होने वाला; परंतु यदि आप अपने सारे परिवर्तनों को इकट्‌ठा करके एक जगह रखेंगे तो आप देखेंगे कि उनका प्रभाव कितनी तेजी से पड़ता है! हर बार अपने परिवर्तन पात्र में आप जितने अधिक परिवर्तन जोड़ेंगे, उसका प्रभाव यह होगा कि उसे आप अनिवार्यत: अपने बचत खाते में जोड़ रहे हैं, जिसमें समय के साथ वृद्धि हो रही है।

**क्रिया :** अपनी जेबें, पर्स, किचन की मेज या किसी अन्य स्थान, जहाँ आप अपनी फालतू रेजगारी रख सकते हैं, की जाँच करें। उस सब को इकट्‌ठा करके एक गुल्लक या जार में डाल दें। ढक्कन बंद करके या किसी दराज की अंदरूनी कैबिनेट में रखकर उसमें से पैसा निकालने की बेचैनी से बचें।

**आवश्यक समय :** 2 मिनट।

## 25. अपने दैनिक कार्य भाग-दौड़ की योजना बनाएँ

अपनी दैनिक भाग-दौड़ की योजना बनाना अपना दैनिक बजट बनाने जैसा है। यह आपको सतर्क एवं नियंत्रित रखती है। भाग-दौड़ की योजना बनाएँ और अधिक व्यय होने की संभावनावाले स्थानों पर जाने की बजाय उन स्थानों पर जाएँ, जहाँ तार्किक रूप से जाना अनिवार्य हो। यह नियोजन आपके समय, धन और ईंधन की बचत करेगा।

**क्रिया :** जिन कार्यों को पूरा करना आवश्यक हो, उनकी एक सूची बनाएँ। तत्पश्चात् उन्हें पूरा करने के क्रमानुसार सूची को दोबारा लिखें।

सूची के अनुसार अपनी प्रतिबद्धता सुनिश्चित करें और किसी ऐसे स्थान की यात्रा न करें, जहाँ जाने का आपका पूर्व निर्धारित कार्यक्रम न हो। इससे आपके समय एवं धन दोनों की बचत होगी।

**आवश्यक समय :** 2 मिनट।

## 26. अपनी नकदी की गिनती करें

जब आपको इस बात का ज्ञान होता है कि आपके पास कितनी नकदी है तो उसे खर्च करते समय आप अच्छा निर्णय कर सकते हैं। यदि किसी बिल का भुगतान करने की आवश्यकता हो तो आपके लिए यह जानना महत्त्वपूर्ण है कि आपके पास कितनी नकदी है। जिन दुकानों में डेबिट या क्रेडिट कार्ड स्वीकार नहीं किए जाते, वहाँ भी खरीदारी करने से पूर्व आपके लिए यह जानना अत्यंत आवश्यक है कि आपके पास नकद धन कितना है। पर्याप्त धन न होने की स्थिति में आपको अपने क्रेडिट कार्ड का प्रयोग करना पड़ता है, जिसका परिणाम अकसर इरादे से बड़ी खरीदारी के रूप में आता है। इसके अतिरिक्त, यदि आप शीघ्र भुगतान नहीं करते तो आपको अपनी खरीदारी पर ब्याज भी चुकाना पड़ता है।

**क्रिया :** अपनी जेबों व पर्स इत्यादि में रखी दिन भर की सारी नकदी इकट्ठा करें और उसे गिनकर बटुए में रखें, या यदि आपको किसी खास खर्चे (जैसे लंच मनी, बिल के भुगतान) हेतु कुछ नकदी की आवश्यकता हो तो उसे एक तरफ अलग रख दीजिए।

**आवश्यक समय :** 2 मिनट।

## 27. घटिया इ-मेल्स एवं कैटलॉग्स से दूर रहें

छूट देनेवाली एवं प्रचारात्मक इ-मेल तथा मुद्रित विवरणिकाएँ (कैटलाग्स) अकसर अनावश्यक खर्च बढ़ाती हैं। 100 रुपए की किसी खरीद पर मात्र 20 रुपए की छूट किसी भी स्थिति में कोई छूट नहीं है। ऐसे संदेशों से मुक्ति पाकर आप फालतू खरीदारी करने से बचते हैं और अपना कीमती पैसा बचाते हैं।

**क्रिया :** अपना इनबॉक्स देखें और खुदरा इ-मेल सूची को अनदेखा करें। प्रत्येक इ-मेल के नीचे कानूनी तौर पर एक 'अनसब्सक्राइव' बटन अवश्य होना चाहिए, परंतु उसे खोजने में एक मिनट का समय लग सकता है। कुल मिलाकर, आप वह बटन दबाएँ और उसकी पुष्टि कर दें। आपको अपने घर के आसपास मौजूद कोई भी प्रचार सामग्री नहीं लेनी चाहिए। हरेक कंपनी को फोन या इ-मेल के माध्यम से सूचित करें कि वह अपनी डाक सूची से आपका नाम हटा दे।

समूची प्रक्रिया को सरल बनाने हेतु 'कैटलॉग चॉइस' एवं 'अनरोलॉमी' जैसी सेवाओं का प्रयोग करें।

**आवश्यक समय :** कुछ सब्सक्रिप्शन को हटाने हेतु 5 मिनट।

## 28. कुछ करें

घर से बाहर जाकर बिना कोई पैसा खर्च किए खुशियाँ मनाना आपके लिए संभव है, परंतु अनेक लोग अकसर इस युक्ति को अनदेखा कर देते हैं। रात का खाना एवं फिल्म—दोनों पर 100 रुपए से अधिक का खर्च आ सकता है। इस पैसे को घरेलू किराने की खरीद या क्रेडिट कार्ड बिलों के भुगतान पर व्यय करना अच्छा है। अपने क्षेत्र में होनेवाली

नि:शुल्क गतिविधियों का आनंद लेकर आप अपनी अतिरिक्त आय को अधिक महत्त्वपूर्ण कार्यों पर खर्च कर सकते हैं, जिससे आपके व्यक्तिगत वित्त व्यवस्थापन को लाभ मिलेगा।

**क्रिया :** अपने स्थानीय अखबार या स्थानीय वेबसाइट पर नि:शुल्क गतिविधियों, जिनका आप आनंद ले सकते हैं, की सूची देखें। आसपास के पार्कों में होनेवाले मुफ्त कार्यक्रमों एवं विशेष सामुदायिक गतिविधियों पर नजर दौड़ाएँ। उनमें से अपनी पसंदीदा कोई एक गतिविधि चुनकर अपने कैलेंडर में नोट कर लें, ताकि आप उसे भूलें नहीं।

**आवश्यक समय :** 3 मिनट।

## 29. दैनिक व्यय सीमा तय करें

यदि आप अपनी आर्थिक स्थिति में सुधार लाने का प्रयास कर रहे हैं तो आपके लिए अपनी दैनिक व्यय सीमा निर्धारित करना महत्त्वपूर्ण है। व्यय सीमा आपको बचत करने का अवसर एवं गैर-जरूरी खरीदारी पर अधिक पैसे खर्च करने से बचाती है।

**क्रिया :** तय कीजिए कि वास्तविक तौर पर खर्च करने के लिए आज आपको कितने पैसे की जरूरत होगी? यदि आपके बिलों का भुगतान देय है तो उनका हिसाब रखें। किसी ऐसी राशि का चयन करें, जो आपको फिजूलखर्ची और अनावश्यक खरीदारी की अनुमति नहीं देती।

**आवश्यक समय :** 1 मिनट।

## 30. ऑनलाइन तुलनात्मक खरीदारी करें

तुलनात्मक खरीदारी आपको अपनी जरूरी चीजों पर अधिक व्यय न करने हेतु आश्वस्त करती है। बड़ी और अधिक महँगी शॉपिंग के लिए दुकानों की तुलना करना महत्त्वपूर्ण है। इससे आपको पैसा बचाने और बुद्धिमत्तात्मक खरीदारी करने में मदद मिलेगी।

**क्रिया :** अपने लिए खरीदने योग्य वस्तु का चयन करें। उस वस्तु को कम-से-कम तीन वेबसाइटों पर देखें। उसके विवरण, विशेषताएँ एवं उपलब्धता तथा वस्तु का मूल्य देखें। जो वेबसाइट आपको सस्ती और सबसे अच्छी लगे, वहाँ से वस्तु खरीद लें।

**आवश्यक समय :** 5 मिनट।

## 31. अपने से अधिक कामयाब लोगों से मिलें

हर इनसान में कोई-न-कोई कमी जरूर होती है। कोई भी परफेक्ट नहीं होता और जो व्यक्ति समय रहते अपनी कमियों को पहचान लेता है तथा उन्हें सुधारता है, वही सफलता हासिल करता है। जब आप खुद में निरंतर सुधार करते हैं और अपने काम को लगातार बेहतर बनाने की कोशिश में लगे रहते हैं तो सफलता आपके करीब आती जाती है। वहीं, अगर आप खुद को सब चीजों में माहिर मानकर कुछ नया सीखना बंद कर देते हैं तो आपकी सफलता ज्यादा देर तक नहीं रहती।

सफल होने के लिए जरूरी है कि आप अपने से अधिक कामयाब लोगों से मिलें और ऐसे लोगों के साथ ज्यादा-से-ज्यादा समय बिताएँ, जो सकारात्मक सोचते हैं और इसी पॉजिटिव सोच के साथ अपना जीवन

जीते हैं। ऐसे लोग आपको सकारात्मक नजरिया देने में मदद करेंगे, जो बिजनेस को सफल बनाने और समस्याओं का सही समाधान ढूँढ़ने में आपकी मदद करेंगे। इसके अलावा आप मोटिवेशनल किताबें भी पढ़ सकते हैं। ऐसी किताबें काफी प्रभावशाली होती हैं और यह एक कोच की तरह आपको मोटिवेट करती हैं। इनसे आप सीख पाते हैं कि आगे कैसे बढ़ना है।

सफलता के लिए आपका कामयाब लोगों के काम पर नजर रखना बहुत जरूरी है। समय-समय पर उनसे पूछें कि उन्होंने अपने लक्ष्य को पाने के लिए क्या-क्या किया है? इसके बाद अपनी कमियों पर नजर डालें। जब तक आप खुद की कमियों और मजबूतियों पर नजर नहीं रखेंगे, तब तक सुधार कैसे कर पाएँगे?

अपने से अधिक कामयाब लोगों से संवाद करें। आज के दौर में अगर आप सफलता की ऊँचाइयों तक पहुँचाना चाहते हैं तो आपको अपनी कम्यूनिकेशन स्किल्स बेहतर करनी होगी। अपने बातचीत के लहजे में हमेशा निखार लाने की कोशिश करें। इसके लिए आप अपने से अधिक कामयाब लोगों की सलाह ले सकते हैं या कोई कोर्स जॉइन कर सकते हैं। आपकी कम्यूनिकेशन स्किल्स बेहतर होने पर सफलता मिलने लगेगी।

## 32. अपना विजन बोर्ड बनाएँ

विजन बोर्ड आपके सपनों, लक्ष्यों, अभीष्ट छवियों, फोटो और पुष्टि का एक कोलाज होता है, जो आपको खुश रखता है। इसे 'ड्रीम बोर्ड' भी कहा जा सकता है। अपने लक्ष्यों को समझने में सहायता के

लिए विजन बोर्ड बनाना उपयोगी और प्रेरणा का एक स्त्रोत हो सकता है, क्योंकि इसके माध्यम से आप अपने सपनों को हासिल करने के लिए काम करते हैं।

दरअसल विजन बोर्ड में हम अपने लक्ष्यों पर फोकस करते हैं। हममें से अधिकांश कैसा जीवन में चाहते हैं, हमारे लक्ष्य क्या हैं और कौन सी बातें हमें खुश करती हैं—विजन बोर्ड में इनके बारे में बारे में सामान्य वर्णन होता है।

विजन बोर्ड बनाने में नीचे लिखी बातों को शामिल किया जा सकता है—

- आपकी दृष्टि में अच्छा जीवन क्या है?
- जीवन को मूल्यवान कैसे बनाया जा सकता है?
- जीवन में जीते-जी आप क्या हासिल करना चाहते हैं?
- आप क्या-क्या सीखना चाहते हैं?
- आपके शौक क्या हैं?
- आप जो गतिविधियाँ कर रहे हैं, क्या उनसे आप संतुष्ट हैं या उनमें सुधार करना चाहते हैं?
- आपके लक्ष्य क्या हैं?
- आपका सपना क्या है—नौकरी पाना या व्यवसाय करना?
- अपना लक्ष्य हासिल करने के लिए आपको क्या कदम उठाने होंगे? उदाहरण के लिए, क्या आपको किसी विशेष डिग्री की आवश्यकता है या क्या आपको इंटर्नशिप करने की आवश्यकता है?

- आपके व्यक्तिगत जीवन में क्या लक्ष्य हैं?
- क्या आप लंबे समय तक संबंध में रहना चाहते हैं या शादी करके बाल-बच्चों के साथ समय बिताना चाहते हैं?
- आप अपने जीवनसाथी के साथ कितना समय बिताना चाहते हैं?
- आप अपने निजी जीवन को कैसे याद रखना चाहते हैं?
- आप अपने निजी जीवन की किसी मजेदार और दुखद पलों को कैसे याद रखना चाहते हैं?
- क्या आप अपनी आत्मकथा लिखना चाहते हैं?
- क्या आप किसी संगठन के अध्यक्ष बनकर दूसरों के जीवन पर सकारात्मक प्रभाव डालता चाहते हैं?

इस प्रकार आप अपना विजन बोर्ड बनाकर आप अपने अधिकतर सपने सच कर सकते हैं।

□

# 7

# आध्यात्मिकता एवं मानसिक कल्याण

*कुछ लोग अत्यंत धार्मिक हैं, जबकि अन्य अपने संपूर्ण मानसिक स्वास्थ्य पर ध्यान देते हैं। अपनी मान्यताओं के विपरीत आप ऐसी अनेक आदतें विकसित कर सकते हैं, जो आपको ऊर्जान्वित महसूस कराएँगी और अपने आसपास की दुनिया के संपर्क में रखेंगी। निम्नलिखित कुछ परिवर्तनों को आप अपनी 101 माइक्रो Habits दिनचर्या में जोड़ सकते हैं।*

## 33. प्रकृति के संपर्क में रहें

प्रकृति में हमारे शरीर व मन पर समग्रतः शांतिदायक एवं आरोग्यवर्द्धक प्रभाव डालनेवाले गुण हैं। धूप विटामिन-डी के रूप में आपको मिलनेवाला अतिरिक्त बोनस है। सामान्य शारीरिक स्वास्थ्य में वृद्धि के दृष्टिकोण से थोड़ा जल्दी उठना लाभदायक है।

**क्रिया :** यदि आपके पास प्रातःकालीन सैर करने का पर्याप्त समय

नहीं है तो यथासंभव अपना चाय-नाश्ता बाहर करें। सोने से पूर्व रात में ही अपनी चायदानी तैयार कर सकते हैं, ताकि सुबह केवल पानी उबालना ही शेष रहे। वैसे भी, ताजा हवा लेने के लिए आपका चाय-प्रेमी होना जरूरी नहीं। यदि आपके पास बगीचा है तो सुबह-सुबह अपने पौधों को पानी देना सबसे अच्छा समय है या अपने कुत्ते को आसपास सूँघने हेतु बाहर ले जा सकते हैं। अपने आसपास की ध्वनियों, गंधों एवं दृश्यों को महसूस करें।

**आवश्यक समय :** 5 मिनट। यही वह कार्य है, जिसमें थोड़ा और समय जोड़कर आप उसे व्यायाम दिनचर्या में परिवर्तित कर सकते हैं; परंतु ध्यान रखें कि आप अभी भी फुरती से अपने ब्लॉक का एक चक्कर लगाकर मानसिक लाभ उठा सकते हैं।

## 34. दृढ़तापूर्वक बोलें

अगर आप अपने दिन की शुरुआत अच्छी तरह करते हैं तो यह दिन बीतने के साथ आपके सामान्य बरताव में चमत्कार कर सकता है। अपने आत्मविश्वास को बढ़ाने हेतु रोज सुबह शीशे के सामने खड़े होकर दृढ़ वाणी बोलें और सशक्त महसूस करते हुए प्रस्थान करें। थोड़े से अच्छे विचार आपकी पूरी दिनचर्या को उत्कृष्टता में परिवर्तित कर सकते हैं।

मैं इस बात को स्वीकार करूँगा कि कुछ लोगों को यह आदत कुछ अस्वाभाविक लगेगी। बहरहाल, यदि आपको अपने आत्मविश्वास को लेकर कोई समस्या है तो यह आनेवाले दिन में प्रसन्न महसूस करने का एक सरल समाधान है।

**क्रिया :** प्रात:काल यथाशीघ्र जागने के पश्चात् शीशे के आगे खड़े होकर देखें। मंत्रों या सकारात्मक वाक्यों (श्लोकों) को उच्च स्वर में दोहराएँ।

उदाहरणार्थ—

''मैं अपने जीवन के नियंत्रण में हूँ।''

''लोग मुझसे प्यार करते हैं और मुझे पसंद करते हैं।''

''मैं इस जगत् में परिवर्तन ला सकता हूँ।''

''मैं स्वभाव से एक उदार व्यक्ति हूँ।''

''आज मैं अपने उद्देश्य को प्राप्त कर लूँगा।''

**आवश्यक समय :** 5 मिनट।

## 35. तसवीरें देखें

हम सब जानते हैं कि चीजों के विषय में हमारी मान्यताओं पर दृश्यावलोकन का कितना प्रत्यक्ष प्रभाव पड़ता है। जब हम कोई फोटो या चित्र देखते हैं तो उससे भिन्न भावनाएँ उभरती हैं। एक ही तसवीर को बार-बार देखकर उन भावनाओं को पुन: जाग्रत् कर सकते हैं।

स्वयं को कृतज्ञता से ओत-प्रोत करनेवाली; प्रिय, प्रसन्न, प्रेरित एवं उत्तेजित करनेवाली तथा सकारात्मक भावों से भरनेवाली छवियों का अवलोकन करें। मित्रों, परिवार के सदस्यों एवं प्रियजनों की तसवीरें देखने से आपको अपने अतीत के आनंददायी क्षणों की याद ताजा हो जाती है और आपको उस प्यार व गर्मजोशी को दोबारा जीने का अवसर मिलता है।

**क्रिया :** चित्रावलोकन द्वारा अपने अतीत के खुशगवार पलों को दोबारा जिएँ। यह काम आप अपने कंप्यूटर या मोबाइल फोन में सेव की हुई तसवीरों को ब्राउज करके या अपने घर के अलबम की तसवीरों को देखकर कर सकते हैं।

वैकल्पिक तौर पर, आपको अभिप्रेरित एवं प्रसन्न रखनेवाली इन तसवीरों को आप अपनी रुचि के अनुसार ब्लॉग एवं सोशल मीडिया पर भी देख सकते हैं। दृश्यात्मक संवृद्धि अत्यंत रोचक है। बस, अपने पसंदीदा विषय से जुड़ी छवियों को खोजने की जरूरत है।

**आवश्यक समय :** 5 मिनट।

## 36. अपनी मांसपेशियाँ लचीली बनाएँ

हालाँकि सुनने में यह एक प्रकार से मूर्खता लग सकती है, पर शीशे के सामने अपनी मांसपेशियों की मालिश आपके समग्र आचरण हेतु लाभदायक हो सकती है। सचमुच, हर कोई अच्छी शेप में नहीं होता, परंतु अपनी मांसपेशियों को शीशे में देखने से आपको अपनी शारीरिक शक्ति की याद आ जाती है। यह याद आपकी भावनात्मक शक्ति के संवर्द्धन में भी सहायक हो सकती है।

यदि आप अपनी उन मांसपेशियों एवं शारीरिक शक्ति को पहचान लें तो स्वयं को नियंत्रित महसूस करेंगे। अपने जीवन के नियंत्रण में होने को महसूस करने की भावना और अपनी रक्षा करने का सामर्थ्य आपकी शारीरिक कुशलता को लाभान्वित करेगा।

**क्रिया :** शीशे के सामने खड़े होकर अपनी मांसपेशियों को एक-एक करके देखें। मुड़कर इन आकृतियों एवं रेखाओं को भिन्न कोणों से

देखें। यदि आप एक सक्रिय जीवन-शैली अपनाते हैं तो आप पाएँगे कि मांसपेशियों के घनत्व में सुधार हो रहा है। यदि आप पहले इसके प्रति सक्रिय नहीं थे तो इसे आप चेतावनी समझें। अपनी मांसपेशियों के बारे में जानकारी आपको दिन में सुगठित दिखने में सहायक होगी।

**आवश्यक समय :** 2 मिनट।

## 37. एक कृतज्ञता सूची बनाएँ

हमारे कृत्य हमारे विचारों से उत्पन्न होते हैं, अत: यह स्वाभाविक है कि आप अपने विचारों को मूर्त रूप दें। जिसके प्रति आप कृतज्ञ हैं या जो चीज आपको आनंदित करती हो, उसे लिख लेना लाभप्रद होता है। आपकी सूची आपके जीवन की सकारात्मक चीजों की दृश्य अभिपुष्टि जैसी है, जो आपको सकारात्मक विचारों एवं कार्यों की ओर अग्रसर करेगी।

**क्रिया :** अपने बिस्तर के समक्ष कृतज्ञता सूची रखने की आदत का अभ्यास करें। रोजाना तीन ऐसी चीजें लिखें, जिनके प्रति आप कृतज्ञ हैं अथवा तीन ऐसी चीजें, जिन्होंने आपको आनंदित किया।

कुछ उदाहरण—

''मैं आभारी हूँ कि मैं स्वस्थ हूँ।''

''मैं प्रसन्न हूँ कि आज मैं अपने मित्र के साथ समय व्यतीत कर पाया।''

''मैं सौभाग्यशाली हूँ कि अपने क्रेडिट कार्ड का भुगतान कर पाया।''

**आवश्यक समय :** 3 मिनट।

## 38. अपना प्रिय गीत सुनें

यह जानना अद्भुत है कि आपके लिए अपना प्रिय गीत सुनना आपके मन एवं शरीर के लिए क्या कर सकता है? उत्तम संगीत न केवल आपके प्रसन्नता तत्त्वों को उत्सर्जित करता है, बल्कि आनंददायी पलों का स्मरण आपके मन को प्रभावित भी करता है। इसे जाने बिना ही आप नाचने व गाने लगेंगे और प्रसन्न होकर अपने दिन की शुरुआत हेतु तैयार हो जाएँगे।

**क्रिया :** आपको आनंदित करनेवाले कुछ गीतों को डाउनलोड कर लें या खरीद लें। यदि आपके पास अच्छा इंटरनेट कनेक्शन हो तो आप इन गीतों के लिए ऑनलाइन रेडियो स्टेशनों या आईट्यून्स रेडियो से सीधे जुड़ सकते हैं। सोकर उठने के बाद सुबह-सुबह अपने घरेलू कार्य करते हुए इन्हें बजाएँ।

**आवश्यक समय :** 5 मिनट।

## 39. आध्यात्मिकता का अभ्यास करें

जब हम किसी भी प्रकार की आध्यात्मिकता का अभ्यास करते हैं तो हमारा शरीर इस दुनिया में कुछ श्रेष्ठ, शुद्ध एवं न्यायपूर्ण भावों पर स्थिर एवं केंद्रित होता है। प्रार्थना एवं ध्यान—दोनों मन व शरीर को एकल लक्ष्य पर केंद्रित रखते हैं, जो आपको स्वयं एवं प्रकृति तथा सर्वशक्तिमान के मध्य संतुलन का अहसास कराते हैं। खामोशी के इन पलों में कोई ऐसी चीज खोजें, जो आपको मन की शांति रचने में सहायक हो।

**क्रिया :** कोई ऐसा शांत स्थान खोजें, जहाँ आपको किसी प्रकार की बाधा न पहुँचे और यह भी सुनिश्चित करें कि आध्यात्मिकता का अभ्यास करते समय आप सुविधाजनक स्थिति में हैं। यदि आप धार्मिक नहीं हैं और प्रार्थना नहीं करना चाहते तो आप किसी एकांत स्थान में मोमबत्ती जलाकर बैठ जाएँ और अपनी साँसों पर अपना ध्यान केंद्रित करें। इसके पश्चात् आप स्फूर्त, शांत और यहाँ तक कि शीतल महसूस करेंगे।

**आवश्यक समय :** 5 मिनट।

## 40. कोई प्रेरक वाक्य पढ़ें

प्रेरणा अत्यंत रोचक स्थानों से प्राप्त हो सकती है। हम सबके पास कोई-न-कोई कहानी या प्रसंग होता है, जिसे हम अपने हृदय से लगाकर रखते हैं। वे धार्मिक या मात्र ज्ञानोत्पादक हो सकते हैं, परंतु वे अत्यंत प्रभावशाली होते हैं।

**क्रिया :** प्रेरणास्पद कथनों से परिपूर्ण कुछ वेबसाइटें (या पुस्तकें) खोजें। निम्नलिखित पेज पर रोचक एवं प्रेरक प्रसंगों का विशाल संग्रह है—http://www-livinglifefully.com/flo/floexerpts.htm आनेवाले दिन का सामना करने हेतु प्रेरणा देनेवाला कोई एकल प्रसंग पढ़ें। केवल नियमित उक्तियों पर विश्वास न करें। निश्चित होकर अपने आसपास देखें और कुछ नया खोजें, जो आपको अभिनव मार्गों पर आगे बढ़ने हेतु प्रोत्साहित करे।

**आवश्यक समय :** 3 मिनट।

## 41. कोई शांतिदायी पेय ( जैसे चाय ) पिएँ

गरम चाय का एक कप आपकी सकारात्मक सोच में वृद्धि कर सकता है और सामान्य दृष्टिकोण में सुधार ला सकता है। ग्रीन टी का एक कप शरीर के हानिकारक तत्त्वों से मुक्ति दिलाता है और आपके शरीर को सुजल रखता है। पानी आपके शरीर को स्वस्थ बनाए रखने हेतु आवश्यक तत्त्व है। फुरसत लेकर पेय का आनंद लेते हुए आप अपने अगले दिन की योजना बना सकते हैं और अपनी इच्छानुसार दिन में किए जाने योग्य विभिन्न कार्यों पर दृष्टि डाल सकते हैं।

**क्रिया :** जागने के तत्काल बाद पानी उबालें और अपनी पसंदीदा चाय या कॉफी तैयार करके उसका आनंद लें!

**आवश्यक समय :** 2 मिनट।

## 42. रोज सुबह अँगड़ाई लें

लंबी रात में सोकर सुबह उठने के बाद रोजाना अँगड़ाइयाँ लेने से आपका शरीर बहुत लाभान्वित होगा। मांसपेशियों के ऐंठने से शरीर के रक्त-संचार में सुधार, तनाव में कमी, बेहतर समन्वय तथा ऊर्जा के स्तर में वृद्धि होती है। ये सभी चीजें आपके दिन को सकारात्मक शुरुआत देंगी।

**क्रिया :** यदि आप प्रातःकाल स्नान करने के पश्चात् अँगड़ाई लेंगे तो लाभ होगा। गरम स्नान के बाद आपकी मांसपेशियाँ कोमल हो जाती हैं। आधारिक व्यायाम, जैसे अपने पाँव का अँगूठा छूने, से प्रारंभ करें और दोनों हाथों को सिर के ऊपर आपस में मिलाकर दोनों ओर झुकें। अँगड़ाई स्वाभाविक रूप से आने लगेगी और आपका शरीर स्वयं बता

देगा कि किन क्षेत्रों में ध्यान देने की आवश्यकता है? इस प्रक्रिया में अधिक तेजी न दिखाएँ और स्वाभाविक रूप से 'प्रारंभ' एवं 'समाप्ति' सुनिश्चित करें।

**आवश्यक समय :** 5 मिनट।

## 43. मंत्रोच्चार का अभ्यास करें

हालाँकि यह क्रिया कुछ लोगों को विवादास्पद लग सकती है, लेकिन मंत्रों का संबंध आपके सकारात्मक विचारों को 'स्वर' देने या उच्चारण से है। कुछ उत्साहवर्द्धक कहावतों या शब्दों को दोहराने से आपके अंदर सशक्तीकरण की भावना का संचार होगा।

सभी ध्वनियों का मानव शरीर एवं मनोविज्ञान पर प्रभाव पड़ता है। अत: यदि आप अपने मन व शरीर को सकारात्मक ध्वनियों एवं शोरों का अभ्यस्त बनाएँगे तो आपको शांति का अनुभव होगा। मंत्रोच्चार का समुचित अभ्यास आपके तनाव (स्ट्रेस), व्यग्रता (एंजॉयटी) एवं अवसाद (डिप्रेशन) के स्तरों में कमी लाएगा।

**क्रिया :** हालाँकि पहले-पहल यह मूर्खता महसूस हो सकती हैं, किंतु मंत्रोच्चार का संबंध शब्दों एवं सूक्तियों के सस्वर पाठ से है। जिन भावनाओं को आप अनुभव करना चाहते हैं, उसके लिए सूक्तियों या मंत्रों की सूची बनाएँ। उन्हें सकारात्मक वाक्यों के रूप में देखें; क्योंकि वे आपके जीवन, आचरण एवं कृत्यों को प्रभावित करते हैं। प्रत्येक मंत्र को कागज के एक छोटे टुकड़े पर लिखकर सभी कागजों को एक डिब्बे में डाल दें। प्रत्येक दिन का आरंभ एक मंत्र के सस्वर पाठ से करें।

**आवश्यक समय :** 5 मिनट।

## 44. खेलने का समय निकालें

एक बालक के रूप में याद करें कि आप कैसे खेलने के मूड में सोकर उठते हैं और साथ ही रचनात्मक एवं सक्रिय होने के उपाय सोचें। आपके परिपक्व या वयस्क होने मात्र से इस मानसिकता को बदलने की जरूरत नहीं है। खेल से आपके तनाव के स्तर में कमी आएगी और आप हँस पड़ेंगे।

यदि आपके अपने बच्चे हैं तो उनके साथ सुबह जल्दी उठकर खेलने से आपके मस्तिष्क की कार्य-क्षमता में वृद्धि होगी और आप मन लगाकर काम करेंगे। इससे आपके बच्चों को आवश्यक एकाग्रता भी प्राप्त होगी। यदि आपका कोई पालतू पशु है तो बाहर जाकर उसके साथ खेलने से आपके रक्त-संचार में वृद्धि होगी और आपके शरीर में सकारात्मक कंपन उत्पन्न होगा।

**क्रिया :** अपने बच्चों, पालतू पशुओं और मित्रों के साथ खेलने की दिनचर्या बनाएँ। यदि आपका साथ देनेवाला कोई नहीं है तो अकेले ही अपने टैबलेट या मोबाइल फोन पर कोई गेम खेल सकते हैं। इनमें से कुछ खेलों की आपको लत लग सकती है, अत: खेलने की समय-सीमा निर्धारित करना न भूलें। यात्रा के दौरान समय बिताने के लिए गेम खेलना अच्छा उपाय है। वैकल्पिक तौर पर आप अपने बच्चों के साथ छुपा-छुपी खेल सकते हैं या अपने घर के आसपास अपने कुत्ते के पीछे भाग सकते हैं।

**आवश्यक समय :** 5 मिनट (या आपके पास समय हो तो अधिक)।

## 45. सादा श्रृंगार का अभ्यास करें

अपनी प्रात:कालीन दिनचर्या से थोड़ा समय सजने-सँवरने के लिए निकालें, क्योंकि इससे आपकी शख्सियत पर सचमुच कुछ असर पड़ता है। यदि आप अच्छे कपड़े पहनकर और सज-सँवरकर काम पर जाते हैं तो अधिक सम्मानित व आत्मविश्वस्त महसूस करते हैं। परिपोषण का आंतरिक के साथ-साथ बाहरी लाभ होता है; क्योंकि अपनी देखभाल में थोड़ा समय लगाने से आपकी छवि निखरती है और आत्मविश्वास बढ़ता है।

**क्रिया :** काम पर निकलने से पूर्व सुनिश्चित करें कि आपका बाह्यावरण एवं वेशभूषा त्रुटिहीन है। अपने सँवरने के अंत में अपने शरीर पर कोई इत्र छिड़कें, सुगंधित लोशन लगाएँ और बेतरतीब भौंहों को ट्रिम करके मेकअप करें। पुरुष अपने श्रृंगार में फेसियल या जरूरी हो तो कोलोन का प्रयोग कर सकते हैं।

**आवश्यक समय :** 5 मिनट।

## 46. पत्र-पत्रिका पढ़ें

हम सबको थोड़ा समय निकालकर अपने विचारों को एकाग्र करके इस विषय में जानना चाहिए कि हमारे जीवन और हमारे आसपास क्या चल रहा है। पत्रिका पढ़ने से हम अपने विचारों एवं भावनाओं को समझ जाते हैं और उन्हीं के आधार पर अपने कार्यों का निर्णय कर सकते हैं। यदि आप बुरे दौर से गुजर रहे हैं तो पत्रिका के लेखों को पढ़कर उसके प्रभावों तथा कारणों को जान सकते हैं।

आपके जीवन में क्या कुछ हो रहा है, इसे जानने और नियंत्रित करने का यह भी एक उपाय है। अपने विचारों एवं संघर्षों की समझ आपको स्थिति का विश्लेषण करने और जिन चीजों को आप बदल नहीं सकते, उन्हें स्वीकार करने में सहायक होगी।

**क्रिया :** कोई डायरी या पत्रिका लें, जिसमें तिथि लिखने का स्थान हो। अपने दिन का प्रारंभ या अंत अपने विचारों, मूड तथा अपने जीवन में जो कुछ हो रहा है, उसके वृत्तांत लेखन से करें। यहाँ तक कि आप उसमें अपने खाए गए भोजन को भी शामिल कर सकते हैं, जिससे यह ज्ञात हो कि किस भोजन से आपकी भावनाओं पर कैसा प्रभाव पड़ता है और जो भावनात्मक भोजन की ओर आपको प्रवृत्त करता है। यदि आप कोई बड़े लेखक नहीं हैं तो आप 'गोली' (बुलेट) प्रारूप में केवल नोट कर लें और जितनी जल्दी हो सके, यह स्पष्ट करें कि कौन सा बिंदु किससे संबंधित है?

**आवश्यक समय :** 5 मिनट।

## 47. दूसरों की सेवा करें

यदि आप किराएदारों या परिवार के सदस्यों के साथ रहते हैं तो अपनी सूची में सेवा की आदत जोड़ें। दूसरों की सहायता करने से हमारी अपनी खैरियत में चमत्कार हो सकता है और जब लोग हमारी आदत की प्रशंसा करते हैं तो बहुत अच्छा लगता है।

दूसरों की सेवा में अपना समय बिताने से आपका मूड खराब करनेवाले नकारात्मक विचारों से आपका ध्यान हट जाता है। अपने आत्मविश्वास में वृद्धि एवं दूसरों के जीवन में खुशियाँ भरनेवाले सकारात्मक कार्यों के

माध्यम से मन में आए नकारात्मक प्रभावों को खत्म करें।

**क्रिया :** दूसरों की सेवा बुनियादी तौर पर इस प्रकार भी की जा सकती है कि आप कतार में अपने आगे खड़े व्यक्ति को कमरे में पहले प्रवेश करने की अनुमति दें। घर में अपनी सेवा की आदत का अभ्यास इस रूप में कर सकते हैं कि हरेक को रोज सुबह अपने हाथ से कॉफी बनाकर दें, डाक या अखबार उठाकर लाएँ और यहाँ तक कि अपने दोस्त को कार से उसकी कक्षा या कारखाने तक पहुँचाएँ।

**आवश्यक समय :** 5 मिनट।

□

# 8

# संबंध

*हमारे संबंध हमारे जीवन को अर्थ प्रदान करते हैं। चाहे वह कोई महत्त्वपूर्ण व्यक्ति हो या अन्य पारिवारिक सदस्य, बच्चा, मित्र अथवा प्रिय सम्मिलन सहयोगी, इन सभी संबंधों पर कार्य करते हुए अग्र सक्रिय रूप से समय बिताना महत्त्वपूर्ण है।*

*सच्चाई यह है कि अन्य उद्देश्य की तलाश में आप अपने संबंधों को सड़ने हेतु आसानी से छोड़ देते हैं। हम अकसर महसूस करते हैं कि अन्य लोगों से जुड़ने हेतु पर्याप्त समय नहीं है; परंतु आप पाएँगे कि आपकी दिनचर्या में कुछ संबंध-निर्माण गतिविधियों को जोड़ पाना मुश्किल नहीं है।*

## 48. फोकस थिंकिंग करें

फोकस थिंकिंग एक विशेष कार्य, वस्तु या गतिविधि पर अपना ध्यान और ऊर्जा को केंद्रित करना है। अगर आपका फोकस किसी छोटे

कार्य पर है तो यह थोड़ा आसान होता है, जबकि लंबे या बड़े कार्य को पूर्ण करने में ज्यादा मेहनत, समय, पॉजिटिव थिंकिंग की जरूरत पड़ती है।

उदाहरण के तौर पर, अगर आपने सोचा है कि आप दो महीने में पाँच-छह किलो वजन कम करेंगे तो यह आसान होगा, लेकिन आपने यह निश्चय किया है कि आपको आई.ए.एस. में सफलता पानी है तो यह थोड़ा मुश्किल है, पर नामुमकिन नहीं, बस, आपको सही दिशा में, सही तरीके से, फोकस थिंकिंग के साथ धीरे-धीरे अपना कदम आगे बढ़ाना है।

एक समय में फोकस्ड रहकर एक ही लक्ष्य निर्धारित करें। इसके कई सारे फायदे हैं, जैसे कि आप अपने लक्ष्य पर पूरा समय दे सकेंगे और लक्ष्य को व्यवस्थित भी कर पाएँगे। अगर आपने एक साथ बहुत सारे लक्ष्य निर्धारित कर लिये हैं तो आपका समय और तैयारी बँट जाएगी तथा आप फोकस थिंकिंग भी नहीं कर पाएँगे।

फोकस थिंकिंग होना आपको पिछली चुनौतियों से आगे बढ़ना सिखाता है। पिछली चुनौतियों को स्थानांतरित करने में मदद कर सकता है, जिससे आप अस्थिर हुए बिना उनका मुकाबला करते हैं, बिना किसी भी चीज की परवाह किए। फोकस थिंकिंग चिंता को कम करता है, आपको बेहतर नींद लेने में मदद करता है, जिससे आप और बेहतर करने के लिए प्रेरित होते हैं; खासतौर से कोविड-19 महामारी के इस अनिश्चित समय में बेहतर तरीके से अपने जीवन को सँभाल पाते हैं।

फोकस थिंकिंग से नकारात्मकता भी दूर होती है। पूरे दिन ध्यान दें कि किस समय आपके दिमाग में नेगेटिव थॉट्स आने शुरू होते हैं? इसी

समय पर फोकस थिंकिंग करते हुए आपको खुद के लिए सकारात्मक अवसरों का निर्माण करना है। इससे आप नकारात्मक चीजों को हटाकर अपना ध्यान सकारात्मक चीजों पर लगाने में सफल हो पाएँगे।

## 49. प्रशंसा करें

किसी की वास्तविक प्रशंसा उसे अच्छी लगती है और आपको अपने बारे में भी अच्छा सोचने का अवसर देती है। लीक से हटकर किसी को खुश करना पुरस्कारजनक है और यह किसी से बातचीत शुरू करने या मित्रता व संबंध बढ़ाने का उत्तम उपाय है।

**क्रिया :** ऐसी चीजों पर दृष्टि रखें, जिन्हें आप वास्तविक रूप से पसंद करते हैं या देखकर खुश होते हैं, जैसे किसी का पहनावा या कोई ताजा उपलब्धि। इसके बाद उस व्यक्ति की प्रशंसा करें।

**आवश्यक समय :** 2 मिनट।

## 50. फोन या लिखित संदेश का उत्तर दें

संचार ऐसा द्विपक्षीय मार्ग है, जो हमें स्वस्थ संबंधों की ओर ले जाता है। यदि आपके पास कोई संदेश पहुँचा है तो उसका प्रतिदान महत्त्वपूर्ण है और उस संदेश के उत्तर द्वारा उसे जारी रखें। समयबद्ध तरीके से फोन काल एवं लिखित संदेशों का प्रत्युत्तर संबंधों के मध्य विश्वास तथा निष्ठा का निर्माण करता है।

**क्रिया :** सर्वप्रथम मिस्ड काल्स की जाँच करें। उनकी प्राप्ति के क्रम में उनके उत्तर दें। फोन न ले पाने के लिए पहले क्षमा-याचना करें, तत्पश्चात् दूसरे व्यक्ति से पूछें कि आप उसके लिए क्या कर सकते हैं।

उसके बाद अनुत्तरित रह गए किसी लिखित संदेश का उसकी प्राप्ति के क्रम में उत्तर दें। अंत में, अपने इनबॉक्स में अनदेखी इ-मेल्स की जाँच करें और तदनुसार उसका उत्तर दें।

**आवश्यक समय :** 5 मिनट (यह व्यक्ति पर निर्भर करते हुए कम या अधिक हो सकता है)।

## 51. सोशल मीडिया पर समान विचारोंवाले लोगों से बात करें

संपर्क स्थापित करना सोशल मीडिया में भाग लेने का केवल एक पक्ष है। सोशल मीडिया से जुड़ने का दूसरा बड़ा कारण समान विचारोंवाले ऐसे लोगों की जानकारी प्राप्त करना है, जो आप जैसी चुनौतियों का सामना कर रहे हैं। चाहे आप अपनी पहली मैराथन का प्रशिक्षण ले रहे हैं या निश्चित बजट में भोजन तैयार करने को लेकर चकित हैं, दोनों मामलों में आपका समर्थन एवं सहयोग करनेवाले सही लोगों के मिल जाने से आपके जीवन में बड़ा अंतर आ सकता है। सोशल नेटवर्किंग एकाउंट आपके जीवन को बदल सकता है।

**क्रिया :** अपनी आदतों या व्यक्तिगत रुचियों से मेल खाते किसी ऑनलाइन फोरम अथवा फेसबुक ग्रुप की तलाश करें। तत्पश्चात् प्रत्येक सुबह इस वेबसाइट पर लोगों से वार्त्तालाप में कुछ मिनट बिताएँ। सफलता हेतु इस कदम के आवश्यक होने के अनेक कारण हैं। कुछ अत्यंत महत्त्वपूर्ण कारण निम्नलिखित हैं—

- अपने उद्देश्य के विषय में दूसरे लोगों से बातचीत आपको अपने कार्यों के प्रति उत्तरदायी बनाती है।

- आप समान विचारोंवाले व्यक्तियों से जुड़ सकते हैं।
- अपनी सफलता हेतु आप नई रणनीतियाँ एवं सुझाव प्राप्त कर सकेंगे।
- अपनी प्रगति को परखना आसान है।

**आवश्यक समय :** 5 मिनट।

## 52. कुछ उत्साहवर्द्धक लिखें

कभी-कभी आप दूसरों के लिए कोई ऐसा काम करते हैं, जो आपको अपने बारे में बेहतर महसूस करने का अवसर देता है। एक पल लेकर उस 'खास' के लिए कुछ उत्साहजनक लिखकर भेजें। यह कोई बड़ा काम नहीं है, लेकिन इससे आप बाद में अपने बारे में अच्छा महसूस करेंगे।

**क्रिया :** किसी ऐसे व्यक्ति के बारे में सोचें, जिसे दिन में आपके उत्साहवर्द्धन की आवश्यकता हो। संभव है कि वह किसी महत्त्वपूर्ण परियोजना, टेस्ट, खेल स्पर्द्धा या किसी मीटिंग का सामना कर रहा या कर रही हो। उन्हें शुभकामना के सादगीपूर्ण दो शब्द लिखें और अवगत कराएँ कि आप उनके बारे में सोच रहे हैं।

**आवश्यक समय :** 2 मिनट।

## 53. किसी लंच या डिनर की तारीख तय करें

सामाजिक बने रहने के लिए सर्वोत्तम उपाय यह है कि आप लोगों के साथ लंच या डिनर करने की तारीखों से अपना सामाजिक कैलेंडर लगातार भरा रखें। किसी को अच्छी तरह जानने हेतु आप उसके साथ

लंच या डिनर करने हेतु बाहर जाएँ, उसके साथ व्यवहार बनाएँ और नए उपायों को आजमाएँ।

**क्रिया :** किसी मित्र, पारिवारिक सदस्य या सहकर्मी को फोन, लिखित या इ-मेल संदेश के जरिया पूछें कि क्या वे लंच या डिनर पर मिलने हेतु उपलब्ध हैं। मुलाकात के लिए आप उसे खास तारीख, समय एवं स्थान के बारे में बताएँ। यदि वांछित व्यक्ति आपका निमंत्रण स्वीकार कर ले तो उस तिथि को अपने कैलेंडर में जोड़ दें, ताकि आप उसके बारे में भूलें नहीं और अन्य योजनाएँ बनाएँ।

**आवश्यक समय :** 2 मिनट।

## 54. किसी की दशा व दिशा जानने में समय बिताएँ

लोगों को अच्छी तरह जानने और सामाजिक तौर पर उनके साथ विचार-विमर्श करने हेतु उनके साथ कुछ समय बिताना महत्त्वपूर्ण है। इससे आपको उनके जीवन की दशा व दिशा को जानने-समझने में मदद मिलेगी। यदि आप चीजों के बारे में उनके दृष्टिकोण से सोचेंगे तो आप उनके साथ अच्छी तरह जुड़ पाने में सफल होंगे।

**क्रिया :** यदि आपका किसी पारिवारिक सदस्य, सहकर्मी या मित्र से किसी बात पर मतभेद है तो इस तथ्य पर विचार करें कि अन्य लोग आपके बारे में कैसा महसूस करते हैं? इस विषय में सोचें और कुछ करने का प्रयास करें। दूसरे के दृष्टिकोण को समझने का प्रयास करके आप सीख जाएँगे कि अन्य लोगों के साथ प्रभावशाली तरीके से संवाद कैसे स्थापित किया जाता है।

**आवश्यक समय :** 5 मिनट।

## 55. अपनी सामाजिक अनुसूची देखें

सामाजिक योजनाएँ बनाते समय प्रत्येक कार्यक्रम हेतु पर्याप्त समय देना (निर्धारित करना) महत्त्वपूर्ण है। किसी से मुलाकात या किसी अन्य कार्यक्रम हेतु दोहरा समय न दें या सामाजिक कार्यों में इतने अधिक व्यस्त न हो जाएँ कि भेंट-मुलाकातों हेतु अत्यंत कम समय दे पाएँ। सामाजिक कैलेंडर को संतुलित रखने से सामाजिक जीवन व्यतीत करना सरल हो जाता है और यही संतुलन समाज के प्रति आपकी निष्ठा में सुधार लाने तथा उसके अनुपालन में सहायक बनता है। कार्यक्रमों की दोहरी बुकिंग योजना बनाने और फिर लोगों को पर्याप्त समय न दे पाने से आपकी छवि धूमिल हो सकती है और आपके रिश्ते बिगड़ सकते हैं।

**क्रिया :** शांतिपूर्वक बैठकर अपने टेबल कैलेंडर के साथ-साथ इ-मेल एवं फोन कैलेंडरों को ठीक से देखें। अपने आगामी सामाजिक कार्यक्रमों की अन्यत्र लिखी सूचना की जाँच करें।

नए कार्यक्रमों को नोट करने तथा स्थगित कार्यक्रमों को सूची से निकालने, या पूर्व निर्धारित कार्यक्रमों की तिथि, समय एवं स्थान के बारे में ताजा जानकारी लेने हेतु थोड़ा समय निकालें। यदि आप देखें कि एक ही समय पर दो कार्यक्रमों में जाने का समय दे दिया है या एक समय में दो लोगों को मिलने का समय दे दिया है तो उनके पास पहुँचकर विनम्रतापूर्वक किसी अन्य दिन अथवा समय पर मिलने का अनुरोध करें। अपनी इस भूल के लिए क्षमा माँगना न भूलें।

**आवश्यक समय :** 4 मिनट।

## 56. फेसबुक या लिंक्डइन से जुड़ें

फेसबुक या लिंक्डइन पर जुड़ने से आपके सामाजिक क्षेत्र का विस्तार होने में सहायता मिलती है। आप इन साइटों पर रोजाना हजारों लोगों के बारे में जान सकते हैं। इनमें से अनेक लोग मित्रता या व्यावसायिक मेल-जोल बढ़ाने हेतु आपसे मित्रता का अनुरोध कर सकते हैं। कई बार नए संपर्कों से आपके पुराने अथवा अतीत के संबंधों की याद ताजा हो जाती है। अतः नए संपर्कों से मजबूत या रोचक बातचीत शुरू करें।

**क्रिया :** लिंक्डइन या फेसबुक पर लॉग ऑन करें। दोनों साइटों पर 'लोग, जिन्हें आप जान सकते हैं' अनुभाग होता है। उसे देखें और जानें कि उस पर आपका कोई परिचित मौजूद है, जिससे आप अभी तक जुड़े नहीं हैं। यदि ऐसा है तो आप 'ऐड फ्रेंड' या 'कनेक्ट' बटन पर क्लिक करें।

**आवश्यक समय :** 3 मिनट।

## 57. किसी नए व्यक्ति से मिलें

अपने सामाजिक दायरे के विस्तार हेतु किसी नए व्यक्ति से अपना परिचय कराना एक उत्तम उपाय है। यदि आप अपनी मस्ती में ही मस्त रहेंगे और उससे बाहर नहीं निकलेंगे तो कभी नए मित्र या संबंध नहीं बना पाएँगे। अगर आप दूसरे लोगों को अपना परिचय नहीं देंगे तो इस बात की अधिक संभावना है कि आपका सामाजिक जीवन अपूर्ण अथवा असंतोषजनक बनकर रह जाए।

**क्रिया :** कक्षा, कार्यालय या पड़ोस में अपना परिचय दें। मिलनेवाले से दोस्ताना तरीके से हाथ मिलाएँ और उससे उसकी रोजी-रोटी के बारे में पूछें। अपने व्यवसाय या पसंदीदा रुचि के बारे में उसे बताएँ। विदा होने से पूर्व उसे महसूस कराएँ कि उससे मिलकर आपको खुशी हुई।

**आवश्यक समय :** 2 मिनट।

## 58. कुछ प्रेरणास्पद साझा करें

अन्य लोगों के साथ सूक्तियाँ, कहानियाँ एवं ब्लॉग पोस्ट साझा करना यह दरशाता है कि आप अन्य लोगों के बारे में सोचने का समय निकालते हैं। कोई विचारोत्तेजक कथा साझा करना सूक्ति या दूसरे व्यक्ति के साथ आपके संबंधों को मजबूत बनाती है और आप अपने बारे में परस्पर अच्छा महसूस करते हैं।

**क्रिया :** उत्कृष्ट सूक्तियों, लेख या ब्लॉग पोस्ट हेतु गूगल अथवा ट्विटर पर दृष्टि डालें। आप ट्विटर या गूगल के माध्यम से लिंक भेज सकते हैं अथवा उसे छापकर डाक से या किसी को व्यक्तिगत तौर पर दे सकते हैं।

**आवश्यक समय :** 5 मिनट।

## 59. परची छोड़ें

किसी मित्र, पारिवारिक सदस्य या सहकर्मी के लिए संदेश रूपी परची छोड़ने का छोटा सा कार्य लंबी दूरी तय करता है। परची पाकर कोई चकित हो सकता है तथा उसके चेहरे पर चमक आ सकती है।

लीक से हटकर किया गया आपका यह कार्य उसके (स्त्री या पुरुष) मुख पर मुसकान ला सकता है। संबंधों को मजबूत करने का यह एक बड़ा अच्छा उपाय है।

किसी के दिन को खुशियों से भर देने के सैकड़ों उपाय हैं और उन उपायों की उनको कोई जानकारी न होना भी एक तरह से अच्छा ही है। निम्नलिखित उदाहरणों को आप प्रयोग में ला सकते हैं—तकिए पर कोई परची छोड़ें, अपने बच्चे का टिफिन तैयार करें और उसमें कोई मधुर संदेश लिखकर डाल दें अथवा बिस्तरबंद या ब्रीफकेस के ऊपर कोई उत्साहवर्द्धक शब्द लिखें।

**क्रिया :** किसी लिफाफे या कागज पर फुरती से कोई उत्साहजनक नोट, जैसे—'आपका दिन शुभ हो!' या 'मैं तुमसे प्यार करता हूँ' लिखें और उसे किसी ऐसी जगह पर छोड़ दें, जहाँ वह प्राप्तकर्ता को आसानी से मिल जाए।

**आवश्यक समय :** 2 मिनट।

## 60. मनोरंजन के अवसर खोजें

यदि आपको इस बात का ज्ञान हो कि आप क्या करना चाहते हैं तो अन्य लोगों के साथ योजना बनाना आसान हो जाता है। अपने जीवन में ऐसे लोगों के विषय में सोचें और पता करें कि उन्हें कौन सा काम अत्यंत प्रिय है। तत्पश्चात् उनके साथ भेंट-मुलाकात हेतु किसी मनोरंजक कार्यक्रम की योजना बनाएँ।

**क्रिया :** गूगल, फेसबुक या ट्विटर पर जाएँ और देखें कि आपके शहर में इस सप्ताह क्या चल रहा है? क्या वहाँ कोई नि:शुल्क कार्यक्रम

है, जिसका आप अपने मित्र के साथ आनंद ले सकते हैं? हो सकता है, वहाँ स्थानीय धर्मार्थ कार्यों हेतु कोई धन-संग्रह कार्यक्रम चल रहा हो, जिसमें आप अपनी बहन के साथ इस सप्ताह जा सकते हैं।

**आवश्यक समय :** 5 मिनट।

## 61. स्वयं को सुख देनेवाला एक कार्य करें

यदि आप पहले से अपने आप में सुखी नहीं हैं तो किसी संबंध से आपको सुख मिलना कठिन है। अतः प्रतिदिन समय निकालकर कुछ ऐसा करें, जिससे आप पूरा दिन आनंद ले सकें, चाहे वह 3-10 मिनट का ध्यान हो या कोई पसंदीदा गाना सुनना हो। जब हम स्वयं प्रसन्न होते हैं तो दूसरों को भी प्रसन्न कर सकते हैं। इससे हमारे सामाजिक जीवन एवं संबंधों में व्यापक सुधार आता है।

**क्रिया :** वह कौन सा लघुतम कार्य है, जो आपके मुख पर सर्वाधिक मुसकान लाता है? उसे करने में 5 मिनट खर्च करें। वह कार्य अपने घर के सामनेवाले बरामदे में बैठकर चिड़ियों को चहचहाते देखना, कॉफी की चुस्की लेना या अपनी दिनचर्या के विषय में पत्रिका में कुछ लिखना हो सकता है।

**आवश्यक समय :** 5 मिनट।

## 62. नया चुटकुला सीखें

किसी को हँसाने के काबिल होना संवाद प्रारंभ करने की उत्तम कला है। किसी को चुटकुला सुनाना हमेशा अच्छा माना जाता है, क्योंकि

उससे लोगों का मनोरंजन होता है और साथ-साथ हँसने से संबंधों में प्रगाढ़ता आती है।

**क्रिया :** गूगल पर जाकर आपको गुदगुदानेवाला कोई चुटकुला खोजें। यदि उसे पढ़कर आपको हँसी आ जाती है तो वह किसी अन्य व्यक्ति को भी अच्छी तरह हँसा सकता है। थोड़ी देर पढ़कर उसे अच्छी तरह याद कर लें अथवा बाद में याद करने के लिए उसे लिख लें।

**आवश्यक समय :** 2 मिनट।

□

# 9

# आराम-फुरसत

*नई आदतों का विकास हमेशा आत्म-सुधार के इर्द-गिर्द ही चक्कर नहीं काटता, बल्कि इसकी बजाय आप कुछ ऐसे छोटे बदलाव कर सकते हैं, जो आपकी रुचियों एवं जुनूनों से जुड़े हो सकते हैं। इस भाग में हम इस विषय में चर्चा करेंगे कि अपने जीवन में मजेदार गतिविधियों को कैसे जोड़ें!*

## 63. सुबह पाँच बजे से पहले जागें

'अर्ली टू बेड और अर्ली टू राइज मेक्स अ पर्सन हेल्दी, वेल्दी ऐंड वाइज।' अंग्रेजी की यह कहावत बहुत पुरानी है, जिसका अर्थ है कि रात में जल्दी सोकर भोर में उठना बहुत फायदेमंद होता है। यह आदत इनसान को स्वस्थ, अमीर और बुद्धिमान बनाती है।

इसमें कोई दो राय नहीं कि सुबह उठने के कई फायदे होते हैं।

तड़के उठकर आप कसरत करके, नाश्ता करके, दफ्तर के लिए तैयार होकर कुछ काम भी निपटा डालते हैं।

वैसे दुनिया भर के इनसानों में करीब एक–चौथाई ऐसे हैं, जो सुबह उठना पसंद करते हैं। वहीं करीब इतने ही लोग रात में देर तक जागना पसंद करते हैं। रिसर्च से पता चला है कि सुबह उठनेवाले लोग ज्यादा सहयोगी स्वभाव के होते हैं। वे किसी भी घटना का सही विश्लेषण कर पाते हैं। इनके मुकाबले रात में देर तक जागनेवाले कल्पनाशीलता के मामले में बाजी मार ले जाते हैं। वे अकेले ज्यादा वक्त बिताना पसंद करते हैं।

कई बार हुए रिसर्च यह साबित कर चुके हैं कि सुबह उठनेवाले आत्मप्रेरित होते हैं। वे लगातार काम करते हैं। दूसरों की बात भी वे ज्यादा मानते हैं। वे बहुत बड़े लक्ष्य रखते हैं। वे भविष्य की योजनाएँ ज्यादा बेहतर बनाते हैं। सुबह उठनेवाले अपनी सेहत का भी ज्यादा खयाल रखते हैं। रात में देर तक जागनेवालों के मुकाबले सुबह उठनेवाले डिप्रेशन के भी कम ही शिकार होते हैं।

वहीं, रात में देर तक जागनेवाले याददाश्त के मोर्चे पर बीस बैठते हैं। बुद्धि के मामले में भी वे सुबह उठनेवालों से बेहतर होते हैं। उनकी काम करने की रफ्तार भी ज्यादा होती है। रात में देर तक जागनेवाले नए प्रयोग करने में भी खुले दिमाग से काम लेते हैं। रात में देर तक जागनेवाले सुबह उठनेवालों की तरह ही स्वस्थ, बुद्धिमान और ज्यादा अमीर भी होते हैं।

साफ है कि सुबह जल्दी उठने का लक्ष्य सेट करना फायदे का सौदा है। वैसे आपका मन कुछ देर और सोने का है, तो सो जाइए।

## 64. किसी पुस्तक के कुछ पृष्ठ पढ़ें

पढ़ाई करना एक सरल कार्य है, जो आपको अनेक लाभ दिला सकता है। नियमित तौर पर पढ़ाई करने से आपकी मानसिक कसरत होती है, एकाग्रता में सुधार होता है और आयु से संबंधित मानसिक तनाव में कमी आती है। अध्ययन को तनाव से बड़ा राहत दिलानेवाला माना जाता है और यह रक्तचाप में कमी लाने एवं अवसाद से मुक्ति दिलाने में सहायक माना जाता है। अभिसूचनात्मक पुस्तकें आपके सामान्य ज्ञान में वृद्धि करती हैं, आपके विश्लेषणात्मक चिंतन कौशल में सुधार लाती हैं और कुछ ही मिनटों में रोजाना कुछ नया पढ़ने का अवसर प्रदान करती हैं।

**क्रिया :** यदि आप स्वभावतः नियमित अध्ययनकर्ता नहीं हैं तो दिन भर में 5 मिनट का समय पढ़ाई हेतु निकालें। शाम को अकसर पढ़ाई करने हेतु अच्छा समय माना जाता है, क्योंकि यह आदत आपको दिन का कार्य समाप्त करके सोने में सहायता करती है। पढ़ने में सरल, अच्छी एवं ज्ञानवर्द्धक पुस्तकें चुनें। शुरुआत करने हेतु 'अमेजॉन' एक उत्तम स्थान है, जहाँ सर्वाधिक बिकनेवाली श्रेष्ठ पुस्तकों की सूची उपलब्ध है।

**आवश्यक समय :** 5 मिनट।

## 65. बाहर निकलें

अवसर मिलने पर जब आप कुछ समय बाहर बिताते हैं तो उसका भी आपके शारीरिक एवं मानसिक स्वास्थ्य पर चामत्कारिक प्रभाव पड़ सकता है। इस तथ्य के साक्ष्य बड़ी संख्या में उपलब्ध हैं, जो दरशाते हैं कि प्रकृति के साथ अधिक समय बिताने से तनाव घट सकता है,

अवसाद से जूझने की शक्ति प्राप्त होती है, नींद अच्छी आती है और इससे हमारे समग्र कल्याण में सकारात्मक प्रभाव पड़ता है। पर्यावरणीय विज्ञान एवं प्रौद्योगिकी की पत्रिका में प्रकाशित एक अध्ययन दरशाता है कि 'हरित' वातावरण में मात्र 5 मिनट किए गए व्यायाम से मानसिक एवं शारीरिक स्वास्थ्य में काफी सुधार हुआ है।

**क्रिया :** जब भी अवसर मिले, बाहर जाकर थोड़ी ताजा हवा का सेवन करें। फुरसत के क्षणों में चाय बनाने, वीडियो देखने की बजाय 5 मिनट बगीचे में जाकर पौधों को पानी दें और अपने आसपास देखते हुए स्वच्छ वातावरण में गहरी साँस लें। यहाँ तक कि यदि आप शहर में रहते हैं तो कुछ मिनट धूप में बिताएँ, जिससे आपके शरीर में विटामिन-डी के स्तर में वृद्धि होगी और समग्र स्वास्थ्य में सुधार होगा।

**आवश्यक समय :** 5 मिनट।

## 66. विकीपीडिया पर कोई लेख पढ़ें

अधिकतर बच्चों का सामान्य ज्ञान आश्चर्यजनक रूप से बहुत विस्तृत होता है, क्योंकि वे अपने आसपास की दुनिया के विषय में जानने और ज्यादा-से-ज्यादा पढ़ने के इच्छुक होते हैं। हमारी आयु बढ़ने के साथ हम मनोरंजक गतिविधियाँ सीखने की बजाय अपनी दिनचर्या हेतु आवश्यक चीजों को सीखने पर ध्यान देते हैं। हमारा इरादा केवल विशेष विषयों पर ध्यान देने का होता है और हम अपने ज्ञान के क्षितिज में विस्तार के विषय में नहीं सोचते। 'विकीपीडिया' पर रोजाना एक लेख पढ़कर आप अपना सामान्य ज्ञान बढ़ा सकते हैं, नए विचार एवं आदतें प्रस्फुटित करके अधिक मजेदार इनसान बन सकते हैं।

**क्रिया :** 'विकीपीडिया' के मुखपृष्ठ पर रोजाना आकस्मिक एवं विचारोत्तेजक लेख आते हैं। इनमें से किसी भी लेख को पढ़ना उन चीजों के बारे में जानने का अच्छा अवसर है, जिनके बारे में हम सामान्य परिस्थितियों में पढ़ने का कष्ट नहीं उठाते।

**आवश्यक समय :** लेख की लंबाई और आपके पढ़ने की गति के आधार पर 1 से 5 मिनट।

## 67. कुछ समय अपने किसी प्रियजन/बच्चे/पालतू को आलिंगन करने में बिताएँ

हमारी कुशलता के लिए शारीरिक स्पर्श अत्यंत महत्त्वपूर्ण है। आलिंगन ऑक्सीटोसिन नामक 'हैप्पी हारमोन' उत्सर्जित करता है, जिससे तनाव घटाने में मदद मिलती है और आपकी रोग प्रतिरोधक प्रणाली में सुधार आता है। भौतिक स्पर्श आपकी स्नेहिल प्रक्रिया को सरल बनाता है और दंपतियों या पैरेंट्स (माता-पिता) एवं बच्चों के मध्य संवाद में सुधार लाता है। आलिंगन प्रेमी-प्रेमिकाओं तक ही सीमित नहीं होना चाहिए—समान परिणाम आप किसी मित्र, बच्चे और यहाँ तक कि किसी बालोंवाले मेमने या किसी अन्य पालतू जानवर को बाँहों में भरकर भी प्राप्त कर सकते हैं।

**क्रिया :** आलिंगन करने योग्य कोई व्यक्ति (या वस्तु) खोजकर उसे बाँहों में भरें और उन 'हैप्पी हारमोंस' का प्रवाह अनुभव करें।

**आवश्यक समय :** 1 से 5 मिनट। जितना अधिक हो उतना सुंदर; परंतु एक मिनट का भी आलिंगन आपको लाभान्वित कर सकता है।

## 68. कृतज्ञता ज्ञापन हेतु तीन प्रसंग लिखें

'अपने आशीर्वादों को गिनो' जैसी सलाह काफी लोगों को मिलती है, परंतु हममें से कुछ ही लोग वास्तव में इस पर अमल करते हैं। लिखने की आदत डालने हेतु आभार-ज्ञापन के मात्र तीन प्रसंग अपनी कृतज्ञता पुस्तिका में प्रतिदिन लिखने से जीवन के प्रति आपका दृष्टिकोण बदल जाएगा, आप प्रसन्न रहेंगे, अन्य लोगों के साथ आपके संबंधों में सुधार होगा तथा तनाव के स्तर में भी कमी आएगी।

**क्रिया :** किसी नोटपैड या डायरी को अपनी आभार ज्ञापन डायरी के रूप में तैयार करें। लेखन प्रारंभ करने से पूर्व कुछ मिनट उन तीन चीजों के बारे में सोचें, जिनके प्रति आप आभारी हैं। आप सोच सकते हैं कि आपके दिमाग से बातें तेजी से निकल जाती हैं; परंतु ज्यादातर लोग जितना अधिक सोचते हैं, आभार-ज्ञापन के उतने अधिक अवसर उन्हें प्राप्त होते हैं। आपकी तीन चीजें आपकी इच्छानुसार छोटी या बड़ी हो सकती हैं। वास्तविक सूची से कोई अंतर नहीं पड़ता। यह तो उसके निर्माण की प्रक्रिया है, जिसके अनेक लाभ आपको प्राप्त होते हैं।

**आवश्यक समय :** 5 मिनट।

## 69. दिन के विश्व समाचारों का सारांश पढ़ें

आपके आसपास की दुनिया में क्या चल रहा है, इसकी समझ आपके जीवन के अनेक क्षेत्रों पर असर डालेगी। यदि आप वैश्विक गतिविधियों से भलीभाँति परिचित नहीं हैं तो आपका जीवन बुलबुलों की तरह सारहीन है। ज्ञान से शक्ति मिलती है। यही कारण है कि दमनकारी सत्ताओंवाले देशों में उनके नागरिकों के समाचार पढ़ने पर पाबंदी लगा

दी जाती है। वर्तमान में उत्तर कोरिया इसका सबसे बड़ा उदाहरण है। समाचारों का अध्ययन आपको पढ़ाई के समस्त लाभ प्रदान करता है और बोनस के रूप में प्रासंगिक सूचना से आप पूर्णरूपेण अवगत होते हैं। आपको कभी भी चर्चा करने योग्य विषय की कमी नहीं रहती।

**क्रिया :** किसी दैनिक समाचार-पत्र (चाहे मुद्रित हो या आपके इ-मेल पर उपलब्ध हो सकनेवाला ई-पेपर हो) के ग्राहक बनें या रोजाना कोई न्यूज वेबसाइट देखें। आपको हरेक लेख पढ़ने की आवश्यकता नहीं है, बल्कि केवल शीर्षक खँगालें और अपनी रुचि का समाचार पढ़ें। इस बात का भी ध्यान रखें कि सर्वाधिक प्रतिष्ठित समाचार संस्थान भी किसी रूप से पक्षपाती हो सकते हैं। अतः यह महत्त्वपूर्ण है कि दूसरे लोगों की राय पर निर्भर होने की बजाय आप अपनी निजी राय बनाएँ।

**आवश्यक समय :** 5 मिनट।

## 70. कोई नया शब्द सीखें

शब्दावली का विस्तार, चाहे वह आपकी प्रथम भाषा में हो या द्वितीय, आपको कई प्रकार से लाभान्वित करता है। आप अपनी संवाद-क्षमता में सुधार ला सकते हैं। अपने दिमाग को थोड़ा अभ्यास कराएँ और सामाजिक परिस्थितियों के विषय में अपना आत्मविश्वास बढ़ाएँ। कोई नई भाषा सीखना आपको बड़ा काम लग सकता है, परंतु यदि आप सीखने के प्रति समर्पित होकर प्रतिदिन एक नया शब्द रोज सीखेंगे तो आप यह देखकर हैरान हो जाएँगे कि आपने उसे कितनी जल्दी सीख लिया।

**क्रिया :** अपनी पसंद की किसी भाषा का कोई शब्दकोश लेकर

नए शब्दों का तत्काल चयन करें या 'एक शब्द रोजाना' के ग्राहक बनें। इसकी प्रेषण सूचियाँ भाषा–शिक्षण वेबसाइटों पर उपलब्ध हैं। यदि आप कोई नई भाषा सीखने का प्रयास कर रहे हैं तो उसमें सामान्यतया अधिक प्रयुक्त शब्दों की सूची प्राप्त कर उन्हें सीखना महत्त्वपूर्ण है और सीखी गई नई भाषा में आप अपनी संवाद क्षमता में तेजी से सुधार कर सकेंगे।

**आवश्यक समय :** 2 मिनट।

## 71. अचानक कोई दयालुतापूर्ण कार्य करें

अधिकतर लोग अपने जीवन का बड़ा हिस्सा अपनी निजी चाहतों एवं आवश्यकताओं को पूरा करने में बिताते हैं; परंतु इस स्वार्थी दृष्टिकोण से आपको सच्ची खुशी प्राप्त कर पाना दुर्लभ है। छोटे–छोटे उपायों से दूसरों की सहायता करना आपकी मानसिक शांति के विस्तार में बड़े पैमाने पर सहायक होगा और यदि आप नियमित रूप से अचानक कोई दयालुतापूर्ण कार्य करते हैं तो उसके परिणामस्वरूप समय के साथ–साथ आपकी प्रसन्नता के सामान्य स्तर में भी सुधार होगा।

**क्रिया :** किसी के चेहरे पर मुसकान लानेवाले ऐसे छोटे–छोटे दयालुतापूर्ण कार्यों को पहचानें और अपनी दिनचर्या में शामिल करके उन पर अमल करें। यह काम, यदि आप देखें कि पार्किंग मीटर की अवधि समाप्त होने वाली है तो उसमें कुछ पैसा डालने, बस या रेलगाड़ी में किसी वृद्ध या गर्भवती महिला के लिए अपनी सीट छोड़ने या अपनी फालतू चीज को किसी को धर्मार्थ दान कर देने के रूप में हो सकता है।

**आवश्यक समय :** 1 से 5 मिनट।

## 72. कोई श्रेष्ठ गीत सुनें

संगीत आपके मन को आश्चर्यजनक व प्रभावशाली तरीके से प्रभावित कर सकता है। थोड़ी देर तक कोई अच्छा गीत सुनना आपको आनंदित कर सकता है, अपने तनाव को सँभालने में सहायता करता है, आपकी उत्पादकता बढ़ाता है और यहाँ तक कि आपके शारीरिक स्वास्थ्य में भी सुधार ला सकता है।

**क्रिया :** अपने पसंदीदा खुशगवार ट्रैक पर जाएँ या 'मूड बूस्टर' जैसी सामाजिक संगीत साइटों पर सकारात्मक एवं उत्साहवर्द्धक गीतों की सूची देखें और तेज आवाज में उसे बजाकर उसके साथ स्वयं भी गाएँ।

**आवश्यक समय :** 4 मिनट।

## 73. छोटी 'टीईडी वार्त्ता' या प्रेरक वीडियो देखें

दूसरे लोग हमें पुस्तकों एवं पाठ्यक्रमों से परे प्रेरित कर सकते हैं, नए विचारों एवं दृष्टिकोणों से परिचित कराते हैं और इस प्रकार हमें शिक्षित करते हैं। 'टीईडी' हमें हमारे युग के सर्वाधिक दूरदर्शी नेताओं के प्रेरक व्याख्यानों को पढ़ने-सुनने का अवसर देता है और वेब प्रेरक एवं चित्ताकर्षक वीडियो उपलब्ध करानेवाली यूट्यूब एवं अपवर्दी जैसी साइटों से भरा पड़ा है। वास्तव में, एक अच्छा वीडियो न केवल आपके मनोरंजन में वृद्धि करता है, बल्कि आपके संपूर्ण जीवन-दर्शन को प्रभावित करता है।

**क्रिया :** वेबसाइट टीईडी डॉट कॉम या टीईडी ऐप के जरिए टीईडी

वार्त्ताएँ देखें, जहाँ विभिन्न श्रेणियों में अनेक प्रेरणादायी वार्त्ताएँ संकलित हैं। 10 मिनट से कम अवधिवाली एक वार्त्ता चुनें। अपवर्दी जैसी अनेक साइटें हैं, जो प्रेरक वीडियो से भरी पड़ी हैं। आपको अपने अवलोकन समय के प्रति सावधान रहने की जरूरत है, क्योंकि एक बार उनमें लिप्त होने के बाद आप उन साइटों पर कई घंटे आसानी से बिता सकते हैं।

**आवश्यक समय :** 1 से 5 मिनट।

## 74. अपनी आरामगाह से बाहर निकलें

क्या आप खुद को केवल एक झटके में बड़ी ऊँचाइयों पर पहुँचा सकते हैं? किसी कष्टसाध्य कार्य से आपको थोड़ी असुविधा तो होगी, परंतु वह आपके आत्मविश्वास में चमत्कार कर सकता है और उन नए कार्यों को करने हेतु अवसरों के नए द्वार खोल सकता है, जिन्हें करने के बारे में आपने सोचा तक न हो।

**क्रिया :** अपनी ऐशगाह से बाहर निकलकर शुरू किए जानेवाले अनेक छोटे कार्य हैं—

अपनी दिनचर्या को मिश्रित करें। अपना आम नाटक देखने की बजाय काम करने या कोई वृत्तचित्र देखने का अलग मार्ग अपनाएँ।

कोई नया भोजन, नया संगीत या नए प्रकार का व्यायाम करने जैसा कोई अभिनव प्रयोग करें।

कुछ ऐसा करें, जिससे आपको डर लगता हो—संभावित ग्राहकों को नीरस फोन, किसी कक्षा हेतु हस्ताक्षर या किसी अपरिचित से वार्त्ता।

**आवश्यक समय :** 1 से 5 मिनट।

## 75. फुरती से कोई कार्टून या रेखाचित्र बनाएँ

अधिकतर बच्चे कुछ बनाना पसंद करते हैं; परंतु हम वयस्क लोग अपनी ही डिजाइनें बनाने की कोशिश में जकड़कर रह जाते हैं। कभी हम स्वयं अपनी कृतियों को 'अच्छा' और कभी 'रचनात्मक नहीं' कहकर दोबारा कभी पेंसिल नहीं उठाते। फटाफट 5 मिनट में डूडल या स्केच बनाने जैसा छोटा सा रचनात्मक कार्य आपके मस्तिष्क हेतु खेल के समय के समान है। यह आदत न केवल चिकित्सकीय, तनाव घटाने में सहायक और रचनात्मकता की प्रेरणा देती है, बल्कि आपकी उत्पादकता एवं एकाग्रता को भी सुधार सकती है।

□

# 10

# संगठन

*कभी भी संगठित होने के लाभ को कम करके न आँकें। ईमानदारी से कहूँ तो मैं स्वभावतः थोड़ा आलसी हूँ; परंतु थोड़ी सी दैनिक साफ-सफाई एवं अन्य कार्य करने से मैं चुस्त हो जाता हूँ और महत्त्वपूर्ण चीजों पर अच्छी तरह ध्यान केंद्रित कर पाता हूँ। इसके साथ-साथ नियमित दौड़ पर जाने से पूर्व यह जानना अच्छा है कि मेरे जूते कहाँ हैं।*

संयोजन को लेकर आपको वास्तव में अधिक बोर होने की जरूरत नहीं है। कुल मिलाकर, आपको मात्र 15 से 30 मिनट रोजाना साफ-सुथरा रहने/काम करने लायक वातावरण बनाना है। निम्नलिखित अनेक आदतें आपको शुरुआत करने में मदद करेंगी—

## 76. अपनी टूटी खिड़कियों को ठीक करें

हो सकता है कि आपकी कोई खिड़की टूटी न हो, परंतु ऐसी अनेक छोटी-मोटी चीजें हैं, जिन पर यदि समय रहते ध्यान न दिया जाए तो वे आपके तनाव के स्तर को बढ़ा सकती हैं। कुछ सामान्य 'टूटी खिड़कियों' में शामिल हैं—

- सिंक में थालियाँ
- गड्ड-मड्ड डाक
- गंदे या बिना छँटे कपड़े
- भीड़ भरी रसोई
- बाहर फेंका जानेवाला कचरा।

**क्रिया :** उपर्युक्त काम निपटाने के बाद आपका अगला कार्य इस बात पर निर्भर करता है कि आप बाद में कैसा महसूस करना चाहते हैं! यदि आप अपने दिन की शुरुआत एक व्यवस्थित मन के साथ करना चाहते हैं तो इसे अपनी कार्य-सूची में पहला स्थान दें। इसे आप उपलब्धि के संतोषजनक भाव के साथ दिन के अंत में सोने से पूर्व करें।

अपने घर के उन भागों के बारे में सोचें, जिनसे आपको चिढ़ और तनाव पैदा होता हो। इनमें से अधिकांश को मिनटों में ठीक किया जा सकता है। फिर भी, हम उसे नजरअंदाज करके मस्तिष्क के पार्श्व भाग में आराम करने की अनुमति दे सकते हैं। अपनी टूटी खिड़कियों पर ध्यान देने के बाद आप अपने तनाव के स्तर में नाटकीय कमी देखेंगे। इसे अनेक अन्य टूटी खिड़की जैसे विचारों पर परखें।

**आवश्यक समय :** 5 मिनट।

## 77. बेचने ( या हटाने ) हेतु कोई वस्तु देखें

पैसा बचाने या कमाने का यह एक अच्छा उपाय है। उन चीजों को बेचने से जो धन प्राप्त होता है, उसका उपयोग आप बिल भरने या किरयाने का सामान खरीदने में कर सकते हैं। बेकार व फालतू चीजों का विपणन करने से किसी चीज हेतु भुगतान करने की समस्या दूर हो जाती है, आपके पास पैसा आता है और उनसे छुटकारा भी मिल जाता है। इससे आपके घर में काफी जगह खाली हो जाती है और दूसरों की मदद करके आपको अच्छा महसूस होता है। घर को सँवारने और उसे साफ-सुथरा रखने से आप अधिक गंदगी फैलानेवाली कोई चीज खरीदने से बच जाते हैं।

**क्रिया :** जिन वस्तुओं को आप बेचना, व्यापार करना या फेंकना चाहते हैं, उनके लिए कोई बॉक्स अथवा डस्टबिन रखें। रोजाना कोई ऐसी चीज देखें, जो इन तीनों श्रेणियों में आती है। उसे बनाए गए बॉक्स में डाल दें। उन्हें बेचने के अवसर पर सारा दिन नजर रखें।

**आवश्यक समय :** 2 मिनट।

## 78. बिस्तर ठीक करें

अपने दिन की शुरुआत बिस्तर ठीक करने से करेंगे तो आपका सारा दिन अच्छा गुजरेगा। यह एक महत्त्वपूर्ण आदत है, क्योंकि करीने से सजा-सँवरा बिस्तर सुंदर और सुव्यवस्थित दिखाई पड़ता है, साथ ही तकिए व कंबल की खोज में परेशान होने एवं थककर चूर हो जाने के बाद उन्हें पाने की बजाय साफ बिस्तर पर आराम करना एक इनाम जैसा है।

**क्रिया :** चादरें, गद्दे और तकिए अपने बिस्तर से हटा दें। यदि उसके इर्द-गिर्द कोई फालतू चीज पड़ी हो तो उसे दूर रख दें। अपनी चादरें व तकिए झाड़कर बिछाएँ और सुनिश्चित करें कि हरेक चीज गद्दे पर सही स्थिति में मौजूद है। अंत में तकियों को उनके वास्तविक स्थान पर रखें।

**आवश्यक समय :** 2 मिनट।

## 79. अपनी ड्रेसिंग टेबल को साफ करें

एक साफ-सुथरे काउंटर टॉप एवं ड्रेसर टॉप का अर्थ है—कम अस्त-व्यस्तता और कम तनाव। इन स्थानों को साफ रखना महत्त्वपूर्ण है, क्योंकि हमारी प्रवृत्ति है कि हम कपड़े, पत्रिकाएँ और अन्य चीजें उनके ऊपर फेंक देते हैं और उन्हें वहाँ से उठाकर किसी अन्य स्थान पर रखना भूल जाते हैं।

**क्रिया :** अपने घर के काउंटर टॉप या ड्रेसर टॉप को उठाएँ। यदि उस पर उससे असंबद्ध कोई चीज रखी है तो उस चीज को उसके उचित स्थान पर रखें। यदि पाई जानेवाली चीज कचरा है तो उसे कूड़ेदान में फेंक दें। यदि वह चीज रिसाइकिल करने योग्य हो तो उसे रिसाइकिल बिन में डाल दें। जब तक सतह पूरी तरह साफ न हो जाए, इन कदमों को दोहराते रहें।

**आवश्यक समय :** 5 मिनट।

## 80. तीन चीजें करें

कुछ चीजों को रोजाना करने से आपको अपना घर व दफ्तर ठीक-ठाक रखने सजाने-सँवारने में मदद मिलती है और आप हफ्ते या महीने भर में की जानेवाली थकाऊ साफ-सफाई से बच जाते हैं। सज्ज रहने के सर्वोत्तम उपायों में से एक यह है कि आप अपने घर या कार्यालय में हरेक चीज का स्थान निर्धारित करें और काम पूरा होने के बाद उसे उसकी निश्चित जगह पर वापस रख दें।

**क्रिया :** तीन ऐसी चीजों को ढूँढ़ें, जो अपनी जगह पर नहीं हैं। मिलने के बाद उन्हें उनके निर्धारित स्थान पर वापस रख दें। यदि आपने उन वस्तुओं का कोई स्थान निश्चित नहीं किया है तो उन्हें किसी स्थान पर भंडारित कर दें।

**आवश्यक समय :** 3 मिनट।

## 81. एक चीज साफ करें

यदि आपका घर या कार्यालय साफ है तो आप उसे कतई गंदा नहीं करना चाहेंगे। एक बार में एक चीज साफ करने का तरीका कारगर एवं सरल है, परंतु यह निश्चित है कि धीरे-धीरे ही सही, एक दिन आप अपने समूचे घर या दफ्तर को निश्चय ही साफ कर लेंगे। चीजों को साफ रखने की आदत बनाना महत्त्वपूर्ण है, क्योंकि यह आपको व्यवस्थित रखने में सहायक है और आपकी स्वच्छता की आदत में सुधार लाती है।

**क्रिया :** अपने घर या ऑफिस में साफ करने हेतु किसी एक चीज का चयन करें। वह आपकी मेज की कोई दराज, फर्नीचर अथवा यहाँ

तक कि आपके कूड़े का डिब्बा भी हो सकता है। सफाई का जरूरी सामान एकत्रित करके अपने काम को पूरा करें।

**आवश्यक समय :** 5 मिनट।

## 82. एक कागज-रहित पहल के लिए हस्ताक्षर करें

आपके घर या कार्यालय में जितना कम कागज आएगा, उतना ही कम कचरा होगा, जिसका अर्थ यह है कि आपको व्यवस्थित करने के लिए बहुत कम चीजें होंगी। इसे आप अतिरिक्त बोनस समझें कि कागज का उपयोग जितना कम होगा, पर्यावरण को उतना अधिक लाभ होगा।

**क्रिया :** उन कंपनियों की सूची तैयार करें, जो मासिक आधार पर बिल या स्टेटमेंट भेजती हैं। प्रत्येक कंपनी को कागज-रहित संचार हेतु फोन करें या उसकी वेबसाइट पर जाकर अनुरोध करें।

**आवश्यक समय :** 3 मिनट।

## 83. रसीदों, डाक या बिलों की फाइल बनाएँ

खुदरा रसीदों, पत्रों और बिलों की फाइल बनाने से आपको कागज इधर-उधर बिखरने से रोकने के साथ-साथ अपना निजी व्यवस्थापन सुधारने में मदद मिलती है। रोजाना फाइल करने से आपका काउंटर और अन्य स्थान साफ रहता है। इससे भविष्य में जरूरत पड़ने पर महत्त्वपूर्ण कागजों को खोजना आसान हो जाता है।

**क्रिया :** किसी खुली रसीद, डाक एवं बिलों को एकत्रित करें, उन्हें छाँटें तथा देखें कि किसे रखना है और किसे फेंक देना है। उसके बाद

सँभालकर रखने योग्य प्राप्त दस्तावेजों को प्रेषक व तिथि के अनुसार फाइल करें। जिन कागजों की आपको जरूरत न हो, उन्हें कतरन बना दें या रिसाइकिल कर दें।

**आवश्यक समय :** 4 मिनट।

## 84. कुछ बाहर फेंकें

गंदगी अकसर ऐसी चीजों से फैलती है, जिनका न तो हम उपयोग करते हैं और न ही उन्हें बाहर फेंकते हैं। कुछ चीजों का उपयुक्त स्थान आपकी मेज या काउंटर की बजाय कूड़ेदान में है। टूटी-फूटी या अधिक पहनी हुई जो चीजें आपकी कीमती जगह घेरती हैं, उनके बदले कोई नई चीज खरीदी जा सकती है या जगह बनाने के लिए उन्हें दूर हटाया जा सकता है।

**क्रिया :** कोई ऐसी चीज खोजें, जो आपके किसी काम की नहीं रह गई है। टूटी व गैर-मरम्मत योग्य चीजें या सभी प्रयुक्त हो चुकी चीजों को सीधे कूड़ेदान अथवा रिसाइकिल बिन के हवाले करना ही ठीक है। एक अनुभवजन्य नियम यह है कि जिस वस्तु का इस्तेमाल आपने पिछले छह महीनों में नहीं किया है, संभवतः उसे अगले छह महीने तक भी इस्तेमाल नहीं करेंगे।

**आवश्यक समय :** 2 मिनट।

## 85. डिजिटल कचरे को व्यवस्थित करें

कचरा केवल आपके घर या ऑफिस में ही नहीं होता, वह आपके कंप्यूटर में भी मौजूद होता है। डिजिटल कूड़ा भी परंपरागत कूड़े की

तरह आपका ध्यान भंग कर सकता है और आपको व्यथित कर सकता है। इसलिए इस विषय को मान्यता देते हुए इस पर ध्यान देने की आवश्यकता है।

**क्रिया :** अपने कंप्यूटर को लॉग आन करें। डेस्कटॉप आइकंस को क्लियर करें, डॉक्यूमेंट्स को फोल्डरों में व्यवस्थित करें या जिस फाइल की आपको अब जरूरत न हो, उसे रिसाइकिल बिन में डाल दें। इस कार्य को पूरा करने से पूर्व रिसाइकिल बिन को पूरी तरह खाली करना न भूलें।

**आवश्यक समय :** 5 मिनट।

## 86. प्रयोग अवधि समाप्त हो चुके खाद्यों एवं कूपनों की जाँच करें

प्रयोग अवधि खत्म हो चुके खाद्य पदार्थों एवं कूपनों का कोई मूल्य आपके लिए नहीं है और वे केवल आपकी जगह घेर रहे हैं। इन चीजों से निजात पाने से आपकी जगह खाली होती है और आपको पुराने पड़ चुके खाद्य पदार्थों का उपयोग करने से रोकती है। प्रयोग अवधि बीत चुके कूपन और खाद्य पदार्थ दोनों आपको तनाव व बीमारी से बचाते हैं।

**क्रिया :** गतावधिक (एक्सपायर्ड) खाद्य पदार्थों हेतु अपने फ्रिज, रसोई और अलमारियों को जाँचें। प्रयोग अवधि बीत चुकी किसी भी खाद्य वस्तु को फौरन बाहर फेंक दें। इसके बाद गतावधिक कूपनों की जाँच हेतु अपना पर्स जाँचें। यदि मियाद खत्म होने के बाद छह महीने पूरे न हुए हों तो ऐसे कूपनों को आप विदेशी सैन्य परिवारों को भेज सकते हैं। एक्सपायर्ड कूपनों का पैकेट बनाना सीखने और विदेशी मिलिटरी बेस

को भेजने हेतु http://www.ocpnet.org देखें। यदि कूपनों की मियाद खत्म हुए छह महीने से अधिक हो चुके हैं तो उन्हें कूड़े में फेंक दें।

**आवश्यक समय :** 4 मिनट।

## 87. 'घर के अंदर' रहने का रुटीन अपनाएँ

अव्यवस्था अकसर इसलिए होती है, क्योंकि हमारे पास घर के अंदर प्रवेश करने के बाद चीजों को रखने का कोई सिस्टम नहीं होता। कचरा-मुक्त घर बनाने का एक बड़ा उपाय यह है कि आप घर के अंदर प्रवेश करने के पश्चात् अपने साथ लाई हुई वस्तुओं को रखने का स्थान निर्धारित करें।

**क्रिया :** कार्य, जिम या अन्य गतिविधियों हेतु जाते समय अपने साथ ले जानेवाली वस्तुओं के विषय में सोचें। उसके बाद अपने साथ घर के बाहर ले जाई जानेवाली चीजों हेतु कोई खास जगह तय करें। इन चीजों में आपकी कार की चाबियाँ, बटुआ, पर्स, लैपटॉप, ब्रीफकेस, जूते, पुस्तकें, सिक्के, मोबाइल फोन और जिम के कपड़े शामिल हैं। इन चीजों को उनके निश्चित स्थान से उठाने हेतु कुछ मिनट लें।

**आवश्यक समय :** 5 मिनट।

## 88. गंदे कपड़ों को एकत्रित करें

घर में इधर-उधर बिखरे गंदे कपड़े उसकी वास्तविकता के विपरीत उसे अधिक अव्यवस्थित दिखाते हैं। इसलिए उन्हें इकट्ठा करके उनकी सही जगह वॉशिंग मशीन में डालें। इस बात की संभावना अधिक है कि

आप घर भर के कपड़ों का वॉशिंग मशीन के पास ढेर लगा दें। अतः जितने कपड़े आसानी से सुखाए जा सकते हों, उन्हें ही धोएँ और शेष को टोकरी में किसी कोने में रख दें।

**क्रिया :** घर के आसपास बिखरे गंदे कपड़ों को एकत्रित करने हेतु एक चक्कर लगाएँ। उन सबको टोकरी में डालकर वॉशिंग मशीन के पास रख दें।

**आवश्यक समय :** 3 मिनट।

## 89. परिवर्तनीय या मरम्मत योग्य चीजों की जाँच करें

स्वयं को व्यवस्थित रखने में सहायता हेतु यह महत्त्वपूर्ण है कि आपको अपनी बदली जानेवाली घरेलू वस्तुओं का ज्ञान हो, क्योंकि गंभीरता से कहें तो क्या आपको यह बताने की जरूरत है कि स्थिति बिगड़ने तक विलंब हो जाने के बाद आपको अपना टॉयलेट पेपर बदलने की जरूरत है ?

**क्रिया :** टॉयलेट पेपर, पेपर टॉवल, डायपर, गारबेज बैग्स एवं लाइट बल्ब जैसी अपनी घरेलू चीजों की जाँच करें। खरीदारी के अपने अगले कार्यक्रम से पूर्व इस तथ्य से आश्वस्त हो जाएँ कि सारी जरूरी चीजें पर्याप्त मात्रा में मौजूद हैं। यदि कोई चीज न हो तो उसे अपनी खरीदी जानेवाली वस्तु-सूची में लिख लें, तब बाजार जाने के लिए घर से बाहर निकलें।

**आवश्यक समय :** 4 मिनट।

## 90. एक सतह पोंछें

धूल व मिट्टी भी गंदगी पैदा करती है। एक बार में एक सतह पोंछना आपको इस गंदगी से निजात दिलाता है और हरेक सतह सुंदर बन जाती है। संभवत: आप भी किसी स्वच्छ सतह पर गंदगी फैलाने के इच्छुक नहीं होंगे।

**क्रिया :** साफ करने हेतु कोई ड्रेसर टॉप, डेस्कटॉप या टेबलटॉप चुनें। अपने ऑल परपज क्लीनर अथवा पोंछे या पेपर टॉवल का प्रयोग करते हुए उसे साफ करें। सतह को पोंछते समय उसके किनारों को भी अवश्य साफ करें, ताकि बची-खुची धूल व मिट्टी उनसे चिपकी न रह जाए।

**आवश्यक समय :** 2 मिनट।

## 91. रिसाइकिल बिन का प्रयोग करें

आपकी रिसाइकिल बिन में जितनी अधिक चीजें होगी, आपके घर या ऑफिस में उतनी कम गंदगी होगी। रिसाइक्लि बिन में अनवरत वृद्धि कागज को आपकी राह से दूर करती है और पर्यावरण की सहायता करती है। रिसाइक्लिंग महत्त्वपूर्ण है, क्योंकि वह आपके जीवन में कागज रूपी गंदगी को कम करने में सहायक है और व्यवस्थित बने रहने तथा लैंडफिल्स में कम कचरा डालने को प्रेरित करती है।

**क्रिया :** अपने घर या दफ्तर में गैर जरूरी कागजों को खोजें और कचरा पेटी में डालें। कचरा पेटी में आप टूटे बॉक्सेज, सूप या सब्जी के खाली बरतनों और प्लास्टिक की तश्तरियों को रिसाइकिल बिन में डालें।

**आवश्यक समय :** 2 मिनट।

□

# 11

# स्वास्थ्य एवं शरीर सौष्ठव

*दुर्भाग्यवश, ऐसा कोई उपाय नहीं है, जिसे आप अपनी शारीरिक स्वस्थता के सुधार हेतु मात्र 5 मिनट में कर सकें। सामान्यतया रोजाना इस गतिविधि हेतु न्यूनतम 30 मिनट का समय समर्पित करना होगा।*

*अपनी 101 माइक्रो Habits दिनचर्या के साथ आप मात्र इतना कर सकते हैं कि अपने संपूर्ण स्वास्थ्य एवं भौतिक स्वस्थता लक्ष्यों के समर्थन में कुछ छोटे बदलाव जोड़ सकते हैं। इस प्रकार, जब आप व्यायाम करेंगे या भोजन हेतु बैठेंगे तो प्रत्येक गतिविधि से अधिकतम परिणाम प्राप्त कर सकते हैं। प्रारंभ में सहायता हेतु यहाँ कुछ सुझाव दिए जा रहे हैं।*

## 92. रोजाना अपना वजन करें

मैं जानता हूँ कि यह कोई ऐसी चीज नहीं है, जिसे आप सुनना चाहते हैं; परंतु नियमित आधार पर स्वयं को तौलने से अपने स्वास्थ्य

एवं स्वस्थता के स्पष्ट लक्ष्यों के निर्धारण में आपको सहायता मिलेगी। यह जानना भी महत्त्वपूर्ण है कि आपके वजन में दैनिक आधार पर उतार-चढ़ाव होगा। अत: यदि एक या दो दिन आपके भार में वृद्धि दिखाई दे तो चौंकने या परेशान होने की जरूरत नहीं है। अंतत: सही-सही परिणाम निकालने हेतु तत्काल अपना वजन सुनिश्चित करें। निम्नलिखित वेबसाइट पर एक लेख उपलब्ध है, जिसमें बताया गया है कि प्रत्येक सुबह आपको अपना वजन क्यों करना चाहिए—http://bit.ly/1pPmKII.

**क्रिया** : यह अत्यंत सरल है। एक उत्तोलक (वेइंग मशीन) खरीदकर उसे किसी प्रमुख स्थान, जैसे बाथरूम, में रखें। किसी निश्चित समय पर खुद को नियमित तौर पर तौलें और अपनी डायरी में अपना वजन लिख लें।

**आवश्यक समय** : 1 मिनट से भी कम।

## 93. रस्सा कूद

व्यायाम के साथ अपने दिन की शुरुआत आपके मूड में तत्काल वृद्धिकारक है। सोकर उठने के बाद सबसे पहले व्यायाम करना शायद आसान न हो, परंतु एक बार आपकी दिनचर्या का अंग बन जाने के बाद आपका शरीर स्वत: ही रोज सुबह किसी हलचल की अपेक्षा करेगा।

यदि आपके पास सुबह-सुबह जिम (व्यायामशाला) जाने का समय न हो तो रस्सा कूद एक आदर्श विकल्प है। रस्सा कूद के एक तीव्र सत्र के अनेक लाभ हैं। यह एक पूर्ण शारीरिक व्यायाम है, जो रक्त-संचार में सहायक है। पैदल चलने की अपेक्षा यह आपके जोड़ों

पर कम असर डालता है। यह कम खर्चीला है और इसे आप कहीं भी कर सकते हैं।

**क्रिया :** जागते ही जब आप अपना कोई प्रिय गीत सुनें, अपना रस्सा/रस्सी उठाएँ और उसी स्थान पर कूदना आरंभ कर दें। रस्सा कूद अभ्यास के बीच में न रुकने का भरपूर प्रयास करें। यदि आप इस अभ्यास में प्रवीण हो जाएँगे तो यह रुकावट प्राकृतिक रूप से दूर हो जाएगी। गीत समाप्त होने तक कूदना जारी रखें और उसके बाद तरोताजा होने हेतु बाथरूम में जाकर दिन की शुरुआत से पूर्व स्नान करें।

**आवश्यक समय :** 5 मिनट।

## 94. आहार पुस्तिका बनाएँ

यह भी एक अन्य कार्य है, जिसे आप संभवतः न करना चाहें; परंतु वजन घटाने और उसे यथावत् बनाए रखने हेतु यह महत्त्वपूर्ण है। आहार पुस्तिका के दैनिक अनुरक्षण से आप वस्तुतः जान पाएँगे कि आप अपने शरीर में क्या ठूँस रहे हैं और कितना खा रहे हैं। अपनी खुराक देखकर आप दंग रह जाएँगे।

आहार पुस्तिकाएँ असरदार हैं, क्योंकि वे आपको अपने किए जानेवाले भोजन के प्रति उत्तरदायी बनाती हैं, आपकी दैनिक आदतों का भौतिक प्रतिनिधित्व करती हैं, आपको हलका नाश्ता करने से बचने हेतु प्रोत्साहित करती हैं और अपने स्वास्थ्य लक्ष्यों की प्राप्ति में आपकी सहायता करती हैं। पहली नजर में यह आदत आपको नकारात्मक विचारों की ओर ले जाती है; परंतु शीघ्र ही आपको अपने भोजन का हिसाब रखने पर गर्व होगा।

**क्रिया :** My FitnessPal जैसा टूल डाउनलोड करें, जो आपके खाए जानेवाले भोजन का एकदम सही वजन उपलब्ध कराता है। खाने और नाश्ते के फौरन बाद उसका विवरण लिखने की आदत बनाएँ और अपनी 101 माइक्रो Habits दिनचर्या के अंतर्गत समस्त सूचना को आहार पुस्तिका में दर्ज कर दें। यदि आपको अपने खाए गए भोजन को याद करने में कठिनाई हो तो इस आदत पर दो बार—एक बार प्रात:काल और एक बार सायंकाल अमल करें।

**आवश्यक समय :** 4 मिनट।

## 95. पोंछे को गरम पानी में उबालें

तकनीकी तौर पर यह आदत आपकी संयोजन दिनचर्या का एक अंग हो सकती है; परंतु यह ऐसी गतिविधि है, जिसका आपके और आपके परिवार के स्वास्थ्य पर सीधा प्रभाव पड़ सकता है। अनेक अध्ययनों में पाया गया है कि किचन का पोंछा (स्पंज) आपके घर की सर्वाधिक कीटाणु-युक्त वस्तु है। इसे आप रसोई के काउंटरों पर रखे कच्चे गोश्त की चिपचिपाहट, बासी खाने और उस पर बिखरी किसी अन्य चीज को साफ करने हेतु प्रयोग में लाते हैं। ये वस्तुएँ खतरनाक बैक्टीरिया के संक्रमण में सहायक हैं। इस समस्या का सरलतम समाधान स्पंज को माइक्रोवेव में अच्छी तरह उबालना है।

**क्रिया :** यह एक ऐसी सरल आदत है, जिसे सायंकालीन दिनचर्या में शामिल किया जा सकता है। दिन के अंत में अपने स्पंज को गीला करके माइक्रोवेव या किसी पतीले में डालकर उबाल लें। उसे निचोड़ने से पहले दस्ताने पहन लें, क्योंकि वह गरम हो सकता है। इस विधि से

आप बैक्टीरिया-युक्त अधिकतर कीटाणुओं का सफाया कर पाएँगे।

**आवश्यक समय :** 1 मिनट।

## 96. एंटीऑक्सीडेंट शीतल पेय बनाएँ

यदि आप अपने शरीर में तुरत-फुरत चुस्ती-फुरती चाहते हों तो कोई एंटीऑक्सीडेंट शीतल पेय तैयार करें। इन स्वादिष्ट पेयों में आवश्यक विटामिन्स एवं खनिज होते हैं, अतः दिन भर ऊर्जान्वित रहने हेतु कोई एक पीजिए।

**क्रिया :** इंटरनेट पर स्वादिष्ट पेय बनाने की अनेक विधियाँ मौजूद हैं, अतः आप गूगल पर जाकर अपनी व्यक्तिगत प्राथमिकताओं हेतु उपयुक्त एक या दो पेय के बारे में जानने हेतु सर्च अवश्य करना चाहेंगे। यदि आप उसे इसी क्षण खोजना चाहते हैं तो व्यक्तिगत तौर पर मुझे प्रिय कुछ पेय इस प्रकार हैं—

- एक कप शीतल बेरी मिक्स (आमतौर पर इसमें लीचियाँ, रेड चेरी, अनार, रसभरी एवं ब्लूबेरी शामिल होती हैं)।
- 4 औंस सादा वसारहित दही।
- एक कप बादाम का दूध।
- दो बड़े चम्मच बारीक रेशे।
- बर्फ के दो टुकड़े।

इन सभी पदार्थों को मिलाकर एक साथ पतला होने तक मथें। अपनी इच्छानुसार उसे गाढ़ा या पतला करने हेतु बर्फ के टुकड़े बढ़ाएँ या घटाएँ। इसका स्वाद अच्छा होता है और यह आपके परिवार के

वरिष्ठतम सदस्य को भी संतुष्ट कर सकता है। यदि आपको जल्दी हो तो आप इस पेय को अपने यात्रा कप में रख लें, ताकि आप काम पर या स्कूल जाते समय इसे पी सकें।

**आवश्यक समय :** 5 मिनट।

## 97. अपनी जीभ साफ करें

हाँ, सही पढ़ा आपने। रोजाना दाँत साफ करने और धागा करने के साथ-साथ उतना ही महत्त्वपूर्ण कभी-कभी जीभ का ब्रश करना भी है। यह एक महत्त्वपूर्ण आदत है, क्योंकि आपकी जीभ के पिछले हिस्से में लगातार बैक्टीरिया जमा होता रहता है, जिसके कारण मुँह से बदबू आती है।

**क्रिया :** अपने दाँत साफ करने के बाद अपनी जीभ को आगे-पीछे ब्रश से साफ करें। इसकी युक्ति यह है कि इसे आप अपने स्वाभाविक गॉगल और कुल्ले के बगैर कर सकते हैं। इसे आराम से, धीरे-धीरे खिंचाव महसूस होने तक करें।

**आवश्यक समय :** 2 मिनट।

## 98. रोजाना विटामिन्स लें

प्रत्येक व्यक्ति को अनिवार्यत: रोजाना विटामिन्स लेना आवश्यक है। यदि आप नियमित तौर पर विटामिन्स लेंगे तो आपका दिन अच्छा गुजरेगा। विटामिन्स इसलिए आवश्यक हैं, क्योंकि वे आपकी प्रतिरक्षा प्रणाली को मजबूत करते हैं, सतर्कता में वृद्धि करते हैं और शरीर को जरूरी पोषक तत्त्व प्राप्त करने में सहायक होते हैं।

**क्रिया :** आहार पुस्तिका के सहयोग से यह आदत प्रभावोत्पादक है। एक सप्ताह का समय निकालकर अपने भोजन में लिये जानेवाले पोषक तत्त्वों को लिखें और पता लगाएँ कि कौन सा जरूरी पोषाहार लेना आप भूल रहे हैं। कुछ ऑनलाइन पोषाहार टूल जैसे FitDay उपलब्ध हैं, जो आपको अपनी अनुशंसित मात्रा में आवश्यक विटामिन्स लेने के बावजूद यदि उसमें कोई कमी रह गई है तो उसकी जानकारी देंगे। अगर आप सही मात्रा में आवश्यक विटामिन्स नहीं ले रहे हैं तो अपनी आयु एवं पोषाहार की आवश्यकताओं से मेल खाते आवश्यक विटामिन्स अनुपूरकों की खरीद करें। इस संबंध में अधिक जानकारी एवं उपयुक्त विटामिन्स की प्राप्ति के विषय में WebMD लेख देखने हेतु वेबसाइट—http://www.webmd.com/diet/features/what-vitamin-should-i-take पर जाएँ।

**आवश्यक समय :** 1 मिनट से कम।

## 99. पुदीना लें

पुदीना आपकी साँस को तरोताजा बनाने के अलावा और भी बहुत काम आता है। आप अपने खाने में पुदीना इसलिए जोड़ना चाहते हैं, क्योंकि वह आपकी चेतनाशीलता बढ़ाता है, प्राकृतिक उत्तेजक के तौर पर काम आता है और आपकी स्मृति हानि रोकने में सहायक है।

पुदीने को कई प्रकार से उपयोग में लाया जा सकता है। आप उसे कैसे उपयोग करेंगे, यह उसके गुणों पर निर्भर करता है। इसे चिकित्सक के निर्देशानुसार निगला या अन्य लाभों हेतु त्वचा पर लगाया जा सकता है।

**क्रिया :** आप इसे प्रशीतक के रूप में पी सकते हैं, तेज मिंट फ्लेवरवाला च्युइंगम चबा सकते हैं, मिंट स्वादवाले टूथपेस्ट से दाँत साफ कर सकते हैं अथवा पिपरमिंट-युक्त तेल की कुछ बूँदें अपने नथनों के नीचे मल सकते हैं, अर्थात् कुल मिलाकर इसका उपयोग आपकी आवश्यकता एवं इच्छा पर निर्भर है।

**आवश्यक समय :** 1 मिनट से भी कम।

## 100. ध्यान करें

ध्यान एक प्रकार से किसी एक चीज (जैसे अपनी साँसों या समुद्र की लहरों की ध्वनि) पर अपने चित्त को एकाग्र एवं बाधक तत्त्वों को दूर करने की क्रिया है। यह सिद्ध हो चुका है कि ध्यान समाधि के तनाव घटाने, रचनात्मकता बढ़ाने, अच्छी एकाग्रता एवं स्मृति-सुधार जैसे अनेक लाभ हैं।

कुछ लोग शाम को घंटों ध्यान करते हैं, जबकि अन्य लोग प्रातःकाल इस क्रिया में मात्र कुछ मिनट ही लगाते हैं। मैं आपको अपनी प्रातःकालीन दिनचर्या में समाहित किए जाने योग्य कुछ मिनट के ध्यान से शुरुआत करने का सुझाव देता हूँ। यदि आपको आनंद आए तो आप अपने ध्यान सत्रों की अवधि में वृद्धि भी कर सकते हैं। यही वे छोटे-छोटे दुर्लभ परिवर्तन हैं, जो अवधि बढ़ाने में सहायक हैं; परंतु इसे रोजाना कुछ मिनट करके आप आप अनेक चमत्कारिक लाभ प्राप्त कर सकते हैं।

**क्रिया :** तमाम विघ्न-बाधाओं से परे कोई शांत एवं एकांत स्थान खोजें। टाइमर में 5 मिनट की अवधि सेट करें, जिससे आपके ध्यान में अधिक समय लगने और उससे आपके मन के हैरान होने की संभावना

समाप्त हो जाएगी। गहरी साँस के साथ झिल्ली से तनाव निःसारित करने की क्रिया से ध्यान प्रारंभ करें। अपनी मांसपेशियों को मरोड़ें, ताकि आप अंदरूनी तौर पर आरामदेह महसूस करें। अपने मन से समस्त विचार निकालकर केवल वर्तमान क्षण के विषय में सोचें। प्रारंभ में जब आप कुछ मिनट ध्यान करेंगे तो संभव है कि आप स्वाभाविक रूप से कुंठा का अनुभव करें। यदि आपके साथ ऐसा हो तो अपनी साँसों पर ध्यान दें और अन्य निराशाजनक भावनाओं को निकाल दें। अपने शरीर के अंगों पर ध्यान दें, ताकि आप जान सकें कि आपका ध्यान किस बिंदु पर स्थिर होता है!

**आवश्यक समय :** 5 मिनट।

## 101. पोषक आहार लें

सचमुच, आप सारी जिंदगी केवल पेय पदार्थ पर नहीं गुजार सकते। प्रचुर मात्रा में अन्य खाद्य पदार्थ मौजूद हैं, जिन्हें आप अपने नाश्ते में ले सकते हैं और जो आपके कार्य-प्रदर्शन हेतु अत्यंत लाभदायक हैं। शेष दिन सकारात्मक उत्थान हेतु कोई स्वस्थ भोजन तैयार (या पैक) करें ।

**क्रिया :** आप खाने के लिए जो कुछ भी बनाते हैं, वह आपकी व्यक्तिगत प्राथमिकताओं पर निर्भर करेगा; परंतु शुरुआत करने के लिए कुछ सुझाव इस प्रकार हैं—एक छोटी कटोरी बेरियाँ, एक ब्रेकफास्ट बार (जिसमें ज्यादा चीनी न हो), ग्रेनोला या फली-युक्त दही अथवा उच्च रेशा-युक्त इंग्लिश मफन पर एक अंडा।

ये सभी विकल्प आपके लिए अत्यंत स्वास्थ्यप्रद और मिलाने में सरल हैं तथा इन्हें अपनी पसंद से जोड़ा जा सकता है। रोजाना एक जैसी

चीज न खाएँ, क्योंकि आपका शरीर इसका अभ्यस्त हो सकता है। नई चीजें खोजना लाभप्रद होता है।

**आवश्यक समय :** 1 से 5 मिनट। (खाना तैयार होने पर निर्भर)

## सभी 101 आदतों को एक साथ रखना

अभी-अभी आपने अपनी 101 माइक्रो Habits दिनचर्या में शामिल किए जा सकनेवाले 101 लघु परिवर्तनों के बारे में पढ़ा। जैसा कि आप देख सकते हैं, उनमें से अधिकांश ऐसे हैं, जिन्हें बहुत कम समय में पूरा किया जा सकता है। सचमुच आप हरेक चीज को केवल एक दिन में कर सकते हैं। इसकी बजाय ऐसी दिनचर्या बनाना महत्त्वपूर्ण है, जो आपके लिए महत्त्वपूर्ण क्षेत्रों पर रोशनी डाले।

अब सूचना को कार्य रूप में परिणत करने का समय आ गया है। अगले अनुभाग में आप पाएँगे कि विचारों की इस महत् सूची में से 101 माइक्रो Habits दिनचर्या के निर्माण में सहायक उस रुटीन का चयन कैसे करें, जो अत्यल्प समय में आपके जीवन हेतु अधिकतम लाभदायक है। आइए, उस ओर चलें।

□

# 12

# 101 माइक्रो Habits दिनचर्या के निर्माण के 8 चरण

101 माइक्रो Habits की कुंजी व्यक्तिगत आदतों की बजाय दिनचर्या के प्रति लगाव है। आप प्रत्येक व्यक्तिगत तत्त्वों के बारे में सोचे बिना स्वयमेव एक के बाद दूसरे कार्य की ओर प्रवृत्त होना चाहते हैं। यही कारण है कि दिनचर्या-पालन की आदत विकसित करना क्यों महत्त्वपूर्ण है।

आप अपनी आदतों को बेझिझक या निर्बाध रूप से कार्यान्वित करने में इसलिए सफल होते हैं, क्योंकि आपको अपनी शक्तिशाली 101 माइक्रो Habits रीतियों के निर्माण का ज्ञान होता है। इसी नवनिर्मित दिनचर्या के साथ आपके जीवन में परिवर्तन की शुरुआत होती है। जब आप अपनी 101 माइक्रो Habits दिनचर्या के अनुसार अपना दिन त्रुटिहीन तौर पर पूरा कर लेते हैं तो अगले दिन अपने जीवन के विविध क्षेत्रों में सुधार कर लेते हैं।

अपनी व्यक्तिगत आदतों के चयन और तत्पश्चात् समूची दिनचर्या

को पूरा करने का दृष्टिकोण थोड़ा उबाऊ लग सकता है। परंतु आप चिंता न करें। इस अनुभाग में हम ऐसी आठ चरणोंवाली आदत पदानुक्रमण दिनचर्या प्रक्रिया के निर्माण की चर्चा करेंगे, जो आपको थकाए या उबाएगी नहीं। इसे कार्यान्वित करने के पश्चात् आप यह जान जाएँगे कि कौन सी आदतें आपके लिए कारगर हैं और उन्हें कृत्यात्मक दिनचर्या में किस प्रकार शामिल किया जा सकता है!

## चरण 1 : समय एवं स्थान का चयन करें

समस्त 101 माइक्रो Habits दिनचर्याएँ दिन के विशेष स्थान व समय या दोनों के इर्द-गिर्द घूमती हैं। यहाँ समय व स्थान संबंधी कुछ उदाहरण और विचार दिए जा रहे हैं, जिनका चयन आप दिनचर्या के निर्माण एवं प्रारंभ करने हेतु कर सकते हैं।

### प्रात:काल घर में

101 माइक्रो Habits को पूरा करने और सशक्त व उत्पादक सोच के साथ दिन की शुरुआत हेतु सर्वाधिक उपयुक्त स्थान एवं समय सुबह-सुबह आपका घर है। घर छोड़ने से पूर्व पूरे किए जानेवाले कार्यों तथा उन्हें अपनी दिनचर्या में शामिल किए जानेवाले उपायों के विषय में विचार करें।

उदाहरणार्थ, एक आदत अपना बिस्तर ठीक करने के बाद गंदे कपड़ों का एकत्रण और दिन के लिए लंच पैक करना हो सकती है। ये कार्य आपके घर को सुव्यवस्थित रखते हैं, आपको दिन के लिए तैयार करते हैं और शाम को घर वापस आने पर एक साफ-सुथरे घर में विश्राम करने का अवसर देते हैं।

## कार्यालय में कार्य-दिवस का प्रथम भाग

कार्यालय में पहुँचने के फौरन बाद आप क्या-क्या करना चाहेंगे? यदि आप कार्य-दिवस के प्रारंभ में अत्यंत प्रेरित एवं ऊर्जान्वित हैं तो 101 माइक्रो Habits दिनचर्या हेतु यह उत्तम समय व स्थान है।

अपनी सीट पर बैठने के बाद उस दिन किए जानेवाले अपने सर्वाधिक महत्त्वपूर्ण कार्यों की सूची बनाने, इधर-उधर फैले दस्तावेजों को व्यवस्थित करने और अपने कंप्यूटर या मेज की सफाई करने जैसी तीन आदतों पर अमल कर सकते हैं। यह दिनचर्या आपको अपना शेष दिन व्यवस्थित करने तथा उत्पादक विचारों के साथ प्रारंभ करने में सहायक होगी।

## कार्यालय में कार्य-दिवस की समाप्ति

वास्तव में, 101 माइक्रो Habits दिनचर्या हेतु कार्य-दिवस की समाप्ति का समय अच्छा होता है, क्योंकि सकारात्मक सोच के साथ दिन का अंत करना एक उत्तम उपाय है। सारा दिन कार्यालय में काम में व्यस्त रहने के बाद दिन की समाप्ति दिनचर्या आपको कार्यालय छोड़ने एवं संतुष्ट महसूस करने का अंतिम अवसर देती है।

अपने कार्य-दिवस के अंत में जोड़ी जानेवाली एक आदत का उदाहरण यह है कि आप अगले दिन की महत्त्वपूर्ण परियोजनाओं को चिह्नित करें। इससे आपको अगले दिन कार्यालय पहुँचकर शुरू किए जानेवाले कार्य का वास्तविक ज्ञान होगा।

## सायंकाल घर में

काम से वापस घर लौटने के बीच और शाम को घर पहुँचकर संयत होने के बाद का समय 101 माइक्रो Habits हेतु उत्तम समय है।

यह समय अत्यंत उपयोगी है, क्योंकि यह आपको अपनी दिनचर्या को पूरा करने और अगले दिन हेतु तैयार होने का अवसर प्रदान करता है। अगले दिन के लिए लंच तैयार करने एवं डाक देखने जैसी आदत के लिए घर में शाम का समय उत्तम है।

## जिम में व्यायाम करते समय

हाँ, यह सच है कि आप 101 माइक्रो Habits दिनचर्या पर जिम में भी अमल कर सकते हैं। दरअसल, अपने व्यायाम की दिनचर्या निर्धारित करके आप न्यूनतम अवधि में अपने अति महत्त्वपूर्ण अभ्यास कर सकते हैं। लगातार एक के बाद दूसरा व्यायाम करने की नीति से आपके परिणामों में सुधार होता है।

उदाहरणार्थ, आप अँगड़ाई, ध्यान अभ्यास, स्वास्थ्यकर पेय सेवन और अपना वजन तौलने जैसी आदतों को शामिल कर सकते हैं। इन सभी पर व्यायाम या भारोत्तोलन के पश्चात् 10 से 15 मिनटों में अमल किया जा सकता है।

## यात्रा के दौरान या सड़क पर

यहाँ तक कि यदि आप सड़क पर हैं, तो भी एक 101 माइक्रो Habits दिनचर्या बना सकते हैं। आप मानें या न मानें, बहुत सारे कार्य कार, बस या रेलगााड़ी से अपनी दैनिक यात्रा के दौरान भी पूरे किए जा सकते हैं।

अपनी कार में ब्लू टूथ लगवाएँ। जिस मित्र या पारिवारिक सदस्य के साथ आपने निकट अतीत में बात न की हो, उसे 5 मिनट के वार्त्तालाप हेतु फोन करें। ट्रेन से घर पहुँचने तक 30 मिनट की यात्रा करते समय

बीच का समय आपको अगले दिन की कार्य-सूची बनाने या दिन भर में प्राप्त अनुत्तरित लिखित संदेशों पर अनुक्रिया हेतु अत्यंत उपयोगी है।

इस समय का लाभ उठाकर आप अल्प समय में बहुत सारे छोटे-छोटे काम निपटा सकते हैं, अन्यथा वह बेकार चला जाएगा।

## लंच के दौरान

कोई काम पूरा करने के लिए लंच ब्रेक में आपके पास पर्याप्त समय होता है। चूँकि कार्य के समय आप पहले ही उत्पादक मूड में होते हैं, अतः आपकी दिनचर्या स्वाभाविक रूप से जारी रहती है। 30 मिनट या एक घंटा लंच रूम अथवा कैंटीन में व्यर्थ गँवाने की बजाय आप अपने जीवन में परिवर्तन ला सकते हैं।

दिन के इस समय में ऐसे अनेक काम हैं, जिन्हें आप कर सकते हैं। इस दौरान आप किसी से अपना परिचय करा सकते हैं, अपने बैंक खाते का शेष धन देख सकते हैं या दिन के शेष समय में एकाग्र बने रहने हेतु फुरती से 5 मिनट ध्यान (मेडिटेशन) कर सकते हैं।

## चरण 2 : एक समय में एक दिनचर्या बनाएँ

कोई नई आदत बनाने में कितना समय लगता है, इस विषय में विभिन्न मत हैं। कुछ लोग एक सप्ताह, कुछ 21 दिन और कुछ लोग यह अवधि तीन माह बताते हैं। वास्तव में, महत्त्वपूर्ण यह नहीं है कि किसी नई आदत के निर्माण में आप कितना लंबा समय लगाते हैं। महत्त्वपूर्ण यह है कि आप एक समय में केवल एक आदत बढ़ाने पर ध्यान दें।

एक समय में अनेक दिनचर्याएँ शामिल करना असंभव है। इसकी

प्रक्रिया इतनी अधिक जटिल है कि यदि आप अपनी इच्छा-शक्ति पर बहुत अधिक दबाव डालेंगे तो वह विद्रोह कर देगी। दूसरे शब्दों में कहें तो आप दीर्घावधि में इस पर अमल करने में सफल नहीं होंगे।

आइए, इस कदम के समर्थन में महत्त्वाकांक्षा घटाने के विषय में फुरती से विचार करें। महत्त्वाकांक्षा घटाने का अर्थ विचारों, भावनाओं एवं कृत्यों को नियमित करने की व्यक्तिगत अक्षमता है। दूसरे शब्दों में, हमारी इच्छा-शक्ति एक मांसपेशी की तरह है, जो लगातार काम लेने के कारण क्षीण हो जाती है। हम सबकी अपनी इच्छा-शक्ति की सीमा है और उस सीमा पर एक बार पहुँच जाने के बाद एकाग्र रह पाना कठिन हो जाता है।

एक समय में केवल एक रुटीन पर ध्यान केंद्रित करने का कारण यह है कि इससे आपकी इच्छा-शक्ति की क्षीणता में कमी आती है, अर्थात् आप अधिक थकते या ऊबते नहीं। मेरी सलाह है कि कोई बदलाव या कोई नई आदत जोड़ने से पूर्व एक आदत पर एक माह ध्यान केंद्रित करें।

## चरण 3 : 'छोटी जीत' के साथ शुरुआत करें

इस पुस्तक में बहुत सारी आदतें (पूरी 97 आदतें) हैं। जहाँ तक आपकी आदतों का संबंध है, जब आप विटामिन्स की गोलियाँ लेने जैसी सरल दिनचर्या से शुरुआत करते हैं तो आपके मन में कोई हुनर सीख लेने की भावना उत्पन्न होगी और आपके लिए अगली आदत पर अमल करना आसान हो जाएगा।

मेरा परामर्श है कि आप लघु परिवर्तनों की सात भिन्न श्रेणियों पर

दृष्टिपात करें। ऐसी आदतें खोजें, जो लघुतम एवं सरलतम हों और जिन्हें आसानी से (1 से 3 मिनट में) पूरा किया जा सके। जब तक आप एक 101 माइक्रो Habits दिनचर्या न बना लें, तब तक प्रारंभिक कुछ सप्ताहों तक इन सरल आदतों पर ही ध्यान केंद्रित करें। एक बार यह कर लेने के बाद आप आदतों में अदला-बदली या अपने व्यक्तिगत लक्ष्यों से प्रत्यक्षत: संबद्ध आदतों में छोटे-छोटे बदलाव शामिल करने हेतु स्वतंत्र हैं।

## चरण 4 : तार्किक जाँच-सूची बनाएँ

जाँच-सूची के विषय में हम पहले भी चर्चा कर चुके हैं। आपकी जाँच-सूची में आदतों और उन्हें पूरे किए जाने हेतु आवश्यक कार्यों का समावेश होना चाहिए। सभी आदतें एक साथ की जानी चाहिए और निर्बाध रूप से परस्पर संपृक्त होनी चाहिए।

आपकी आदतों की जाँच-सूची में प्रगति के प्रवाह को बनाए रखने हेतु एक कक्ष से दूसरे कक्ष का भ्रमण भी महत्त्वपूर्ण है। आपकी जाँच-सूची मुद्रित, लिखित या किसी ऐप में भंडारित हो सकती है। याद रखें कि इस कार्य हेतु ऐप अत्यंत उपयोगी हैं।

## चरण 5 : 'कारण' बताएँ

अनेक कारणों से किसी नई आदत को त्याग देना सरल है। कुछ लोग कोई नई आदत नकारात्मक प्रभाव या कष्टदायक अनुभव के कारण छोड़ते हैं। अन्य लोग आदत को कठिन मानकर या दूसरों की आलोचना के कारण छोड़ देते हैं। बिस्तर ठीक करने या दैनिक बजट बनाने जैसी आदतों को छोड़ना आसान है। बहरहाल, यदि आप दीर्घकालिक व

सकारात्मक जीवन-परिवर्तन देखना चाहते हैं तो नई दिनचर्या के पालन का उपाय खोजना महत्त्वपूर्ण है।

आप 101 माइक्रो Habits दिनचर्या का परित्याग नहीं करेंगे, इसे सुनिश्चित करने का सर्वोत्तम उपाय यह है कि प्रत्येक व्यक्तिगत कार्य के पीछे कोई कारण बताएँ। यह कारण वास्तविक और आपके लिए महत्त्वपूर्ण होना चाहिए। कुछ लोग 101 माइक्रो Habits दिनचर्या को दीर्घजीवी होने हेतु अपनाते हैं, अन्य लोग अपने परिवार के साथ अधिक समय बिताने हेतु इसका पालन करते हैं। 101 माइक्रो Habits के हजारों कारण हैं, अत: आप अपने लिए सर्वाधिक महत्त्वपूर्ण कारण खोजें कि आप अपनी 101 माइक्रो Habits दिनचर्या को पूरा क्यों कर रहे हैं।

## चरण 6 : जवाबदेह बनें

कोई कार्य करने की अपेक्षा उसे न करना हमेशा अधिक सरल होता है। एक सरलतम उदाहरण—व्यायाम करना या सोफे पर बैठना। निस्संदेह सोफे पर बैठना सरल है, परंतु उससे आपके जीवन में कोई सुधार कभी नहीं होने वाला। अनेक लोग अपनी 101 माइक्रो Habits दिनचर्या को पूरा करने में अकसर विफल रहते हैं, क्योंकि उनके लिए उसे न करना बड़ा सरल है। इसलिए आपको अपनी 101 माइक्रो Habits दिनचर्या का पालन करने हेतु सार्वजनिक रूप से उत्तरदायी होना महत्त्वपूर्ण है।

अपनी प्रगति को सोशल मीडिया पर सार्वजनिक करने, अपने मित्रों व पारिवारिक सदस्यों को अपनी 101 माइक्रो Habits दिनचर्या के विषय में बताने और प्रतिदिन दिनचर्या प्रारंभ करने हेतु अपने फोन अलार्म का प्रयोग करने सहित विभिन्न उपाय एवं विकल्प आपके पास मौजूद हैं।

अतीत में मेरे लिए 'लिफ्ट' ऐप अत्यंत उपयोगी रहा है, जो नई आदतों के अनुरक्षण एवं पालन हेतु सर्वाधिक कारगर उपकरण है। यह अपनी जेब में कोई उत्तम या श्रेष्ठ प्रशिक्षक रखने के समान है। इसे अपनी एक आदत के रूप में शामिल करके आप अपनी 101 माइक्रो Habits दिनचर्या के पूरा होने पर उसकी नियमित जाँच कर सकते हैं और उसके प्रति जवाबदेह भी बन सकते हैं। मेरा यकीन कीजिए, आपको इस सरल कार्य का ज्ञान होना जरूरी है कि आपको अपनी प्रगति से लोगों को अवगत कराना 101 माइक्रो Habits दिनचर्या के पालन हेतु पर्याप्त प्रेरणादायी है।

## चरण 7 : छोटे व आनंददायक पुरस्कार तय करें

अपनी 101 माइक्रो Habits दिनचर्या का परिपूर्णन एक उपलब्धि के समान है, जिसे पुरस्कृत किया जाना चाहिए। पुरस्कार चाहे कितने ही छोटे क्यों न हों, उनका सकारात्मक व दीर्घकालिक प्रभाव पड़ता है और वे प्रतिदिन आपकी दिनचर्या को पूरा करने हेतु बड़े प्रेरक हो सकते हैं। आप स्वयं को देर रात किसी फिल्म का उपहार दें या एक महीने तक रोजाना अपनी दिनचर्या को पूरी करने हेतु प्रतिदिन कोई छोटा स्वास्थ्यप्रद उपहार दें।

## चरण 8 : पुनरावृत्ति पर ध्यान दें

प्रारंभिक 30 दिनों के लिए पुनरावृत्ति 101 माइक्रो Habits की कुंजी है। यहाँ तक कि यदि आपको अपनी एक या दो आदतों को किसी कारणवश टालना पड़े तो भी आपके लिए दिनचर्या का पालन अनिवार्य

है। दिनचर्या की पुनरावृत्ति से आपकी मांसपेशियाँ उसकी अभ्यस्त हो जाती हैं और उन्हें स्मरण रहता है कि आपको अपनी दिनचर्या का रोजाना अचूक पालन करना है।

यदि कभी-कभार आपकी दिनचर्या छूट भी जाए तो उससे कोई प्रलय नहीं आ जाएगी। यह हरेक के साथ होता है; परंतु यह आपके लिए हर हाल में अनिवार्य है कि आपका अभ्यास कभी लगातार दो दिन न छूटे और यदि किसी दिन कोई दिनचर्या रह भी जाए तो उसका कुछ भाग अगले दिन अवश्य पूरा कर लिया जाए।

आपकी 101 माइक्रो Habits दिनचर्या जितनी अधिक विकसित एवं सशक्त होगी, आपको उसका उतना ही अधिक लाभ मिलेगा। 101 माइक्रो Habits अधिकतम करने और अपने जीवन में सकारात्मक परिवर्तन लाने का एक उपाय (मार्ग) है। यदि आप अपने जीवन में कोई भी सकारात्मक परिवर्तन लाना चाहते हैं तो उसे करने का यह सर्वोत्तम उपाय है। अच्छी दिनचर्या आपके जीवन से जुड़ी लाभदायक डिबिया के समान है।

बहरहाल, सर्वोत्तम दिनचर्याएँ भी बाधित हो सकती हैं और की जा सकती हैं। इसमें कोई आश्चर्य नहीं कि किसी अप्रत्याशित घटना या दुर्घटना के कारण आपको अपनी दिनचर्या त्यागनी पड़े। सौभाग्यवश, ऐसी परिस्थिति को सँभालने का ज्ञान आपको होगा। चूँकि ज्ञान शक्ति है, अतः 101 माइक्रो Habits दिनचर्या की सामान्य त्रुटियों से निपटने का ज्ञान होना महत्त्वपूर्ण है। आप 101 माइक्रो Habits के तत्त्वों के बारे में जितना अधिक जानेंगे, उतना अधिक सफल होंगे।

□

# 13

# 101 माइक्रो Habits दिनचर्या के दो उदाहरण

इस बिंदु तक आते-आते आप अनेक सुझाव एवं विचार पढ़ चुके हैं। बहरहाल, संभवत: आप अभी भी पूरी तरह नहीं समझ सके होंगे कि 101 माइक्रो Habits दिनचर्या वास्तव में होती या दिखती कैसी है ? और यदि आप मेरे समान हैं तो शायद कुछ खास उदाहरणों से इसे अच्छी तरह सीख जाएँगे। यही कारण है कि इस अनुभाग को इस दृष्टिकोण से डिजाइन किया गया है कि आपको यह दिखाया जा सके कि जानकारी को कार्यरूप में कैसे परिणत करते हैं।

मैंने दो प्रकार की दिनचर्याओं को शामिल किया है। पहली है 'आम' प्रात:कालीन दिनचर्या, जिसमें मैं उन आदतों को शामिल करता हूँ, जो हमारे जीवन में अनेक प्रकार से सुधार लाती हैं। दूसरी दिनचर्या उत्पादकता के 'खास' क्षेत्र पर ध्यान केंद्रित करती है। इसका उपयोग मैं इस निर्णय हेतु करता हूँ कि हमें अपने सीमित समय एवं ऊर्जा का आवंटन कहाँ और कैसे करने की आवश्यकता है।

अंत में, मैं आपसे इस तथ्य पर सतर्कतापूर्ण सावधानी बरतने का आग्रह करता हूँ कि मैं प्रत्येक व्यक्तिगत कृत्य क्यों करूँ? आमतौर पर कहूँ तो आप कोई कार्य क्यों करते हैं? यदि आपके पास इस विषय में अच्छे विचार न हों तो संभवत: आप उसे नहीं करेंगे।

**उदाहरण 1 :** 'आम' प्रात:कालीन 101 माइक्रो Habits दिनचर्या।

**कुल समय :** 10 मिनट से कम।

1. बिस्तर से उठने के बाद उसे ठीक करें। (**कारण :** मैं घर से काम करता हूँ, अत: व्यवस्थित वातावरण मुझे उत्पादक बनाए रखता है।)
2. बाथरूम में जाकर मैं अपना वजन तौलता हूँ। (**कारण :** मैं मैराथन का प्रतिभागी धावक हूँ, अत: मुझे अच्छे कार्य-प्रदर्शन हेतु एक खास वजन बनाए रखने की जरूरत होती है। दैनिक 'उत्तोलन' मुझे अपने धावन लक्ष्यों पर एकाग्र बनाए रखता है।)
3. मैं गरम पानी एवं फेसियल क्लींजर से अपना चेहरा साफ करता हूँ। (**कारण :** अध्ययनों से पता चला है कि चेहरा धोने से आपको प्रात:काल जाग्रत् एवं ऊर्जान्वित महसूस करने में सहायता मिलती है।)
4. रसोईघर में जाकर 16 औंसवाले एक गिलास ठंडे पानी में नींबू डालकर पीता हूँ। (**कारण :** नींबू जाग्रत् महसूस करने में एक अन्य सहायक तत्त्व है, साथ ही मैं अपने लिए रोजाना जरूरी जल की आठ खुराकों में से दो खुराक सुबह-सुबह तत्काल पा जाता हूँ।)

5. नित्य विटामिन्स लेता हूँ। (**कारण** : अधिकतर खाद्यों में पोषक तत्त्वों की कमी होती है। नियमित विटामिन्स लेने के नियम का पालन करने से मुझे इस बात का ध्यान रहता है कि मैं अपनी खुराक में कौन सी चीज भूल रहा हूँ!)

6. शक्तिदायक पेय बनाता हूँ। मैं विभिन्न व्यंजन विधियों को मिलाता हूँ, परंतु मैं उसे पसंद करता हूँ, जिसमें प्रोटीन, पोटैशियम एवं एंटीऑक्सीडेंट शामिल हों। (**कारण** : यह सरल पेय शेष दिन हेतु ऊर्जा-निर्माण का एक अन्य उपाय है।)

7. अपनी प्रेमिका को लिखित प्रेम-पत्र भेजता हूँ। (**कारण** : दैनिक आधार पर की जानेवाली कुछ 'छोटी चीजें' सफल संबंधों की कुंजी हैं।)

8. अपनी सद्यः विकसित आदतों के साथ अपने मोबाइल फोन ऐप को अपडेट करता हूँ। (**कारण** : स्थायी सुधार लाने हेतु दैनिक आधार पर नई-नई आदतें खोजना जरूरी है।) ट्रैकिंग उद्देश्य हेतु मैं 'लिफ्ट' ऐप को पसंद करता हूँ, जो http://lift.do पर पाया जा सकता है।

**उदाहरण 2** : उत्पादकता 101 माइक्रो Habits दिनचर्या।

**कुल समय** : 10 से 15 मिनट।

1. अपने त्रैमासिक लक्ष्यों की समीक्षा करता हूँ। (**कारण** : तीन महीने के लक्ष्यों की दैनिक समीक्षा मुझे अपनी महत्त्वपूर्ण परियोजनाओं पर एकाग्र बने रहने में सहायता करती है।)

2. किंडल मार्केट में 100 सर्वश्रेष्ठ निःशुल्क एवं सशुल्क

पुस्तकें खोजता हूँ। (**कारण :** कारोबारी दृष्टिकोण से यह जानना महत्त्वपूर्ण है कि वर्तमान समय में मेरे बाजार में किस चीज की बिक्री अधिक हो रही है)।

3. अपने तीन अति महत्त्वपूर्ण कार्यों को चिह्नित करता हूँ। (**कारण :** जब मैं सप्ताह के दौरान किए जानेवाले कार्यों की लंबी परियोजना सूची देखता हूँ तो रोजाना कुछ 'बड़े' कार्य करने पर ध्यान केंद्रित करता हूँ।)

4. प्रत्येक परियोजना के कुछ मुख्य क्षेत्रों में उठाए जानेवाले कदमों का मानचित्र तैयार करता हूँ। (**कारण :** मुझे अति महत्त्वपूर्ण कार्यों को लेकर वास्तविक रूप से सटीक रहने की जरूरत होती है। 'कार्य अगली बही में' जैसी झूठी रिपोर्ट लिखने की बजाय मैं अपने वास्तविक प्राप्य परिणामों को लिखना पसंद करता हूँ।)

5. अपना डेस्कटॉप क्लियर करता हूँ। (**कारण :** मुझे सुव्यवस्थित डेस्कटॉप पर काम करना अच्छा लगता है। इससे मुझे अपने वास्तविक लक्ष्य पर एकाग्र बने रहने में सहायता मिलती है और मेरा ध्यान भी नहीं भटकता।)

6. सबसे कठिन कार्य से शुरुआत करता हूँ। (**कारण :** जैसी कि हम पहले भी चर्चा कर चुके हैं कि सबसे पहले कठिनतम कार्य पूरे कर लेने से दिन के शेष कार्य कठिन नहीं लगते। मेरा प्रारंभिक कार्य किसी प्रकार के लेखन से शुरू होता है।)

7. पहले कार्य हेतु अपना पोमोडोरो सेट करता हूँ। (**कारण :** मैं समय के छोटे-छोटे टुकड़ों में, अर्थात् रुक-रुककर काम

करना पसंद करता हूँ। विशेषतया मैं पोमोडोरो तकनीक के परिवर्द्धित संस्करण का प्रयोग करते हुए 25 से 50 मिनट के ब्लॉकों में लिखता हूँ। मेरे लिए अपने हस्तगत कार्य पर एकाग्र बने रह सकने का यह एक अन्य तरीका भी है।)

## अपनी 101 माइक्रो Habits दिनचर्या कैसे बनाएँ

आपने देखा ही है कि दिनचर्याएँ दो प्रकार की होती हैं। एक आपके जीवन के विभिन्न क्षेत्रों के कार्यों का मिश्रित संकलन है। दूसरी एक विशिष्ट दीर्घकालिक उपलब्धि के सुधार पर रोशनी डालती है। आपके लिए कौन सी सही है, यह सब आपकी विशिष्ट स्थिति पर निर्भर है।

मेरा सुझाव है कि आप अपने जीवन पर एक सूक्ष्म दृष्टि डालें और उस एकल क्षेत्र का चयन करें, जिसमें सर्वाधिक सुधार किए जाने की आवश्यकता है।

क्या सुबह-सुबह आपको किसी खाँचे में जाने से कठिनाई होती है? तब तो इसका उत्तर ऊर्जान्वित करनेवाली प्रात:कालीन दिनचर्या है।

क्या आप काम पर अपने सारे लक्ष्य पूरे करने हेतु संघर्ष कर रहे हैं? तब तो आपके लिए शायद उत्पादकता दिनचर्या सहायक होगी।

क्या आप अकसर रात में सोने से पहले बहुत सारा समय नष्ट करते हैं? तब तो आपको सायंकालीन चर्या निर्धारण से अधिकतम लाभ होगा।

जैसा कि हम पहले भी बता चुके हैं, 101 माइक्रो Habits दिनचर्या का सर्वोत्तम लाभ कुछ सप्ताहों तक एक ही आदत का अनुसरण करने की दिनचर्या के विकास से होगा। यदि आप एक दिनचर्या पर आराम से अमल कर लेते हैं तो अपने दिन में दूसरी दिनचर्या जोड़ सकते हैं।

जब तक आप प्रतिदिन दर्जनों लघु परिवर्तनों को लागू कर रहे हैं, तब तक आप अपना बहुत सारा फालतू समय नष्ट किए बिना उन्हें बार-बार खँगालें और दोहराएँ।

अब मैं स्वीकार करूँगा कि 101 माइक्रो Habits का यही आदर्श दृष्टिकोण है। एक यथार्थवादी के रूप में मैं चाहूँगा कि आपका प्रत्येक कार्य अच्छी तरह पूरा हो। मैं यह बात अच्छी तरह जानता हूँ कि कई बार आपकी दिनचर्या का सामना चुनौतियों और यहाँ तक कि बाधाओं से भी होगा। इसीलिए, ऐसी स्थितियों से निपटने की योजना बनाना महत्त्वपूर्ण है, ताकि आप उनके उपस्थित होने पर जान सकें कि आपको क्या करना है? आइए, इस संबंध में अगले अनुभाग में चर्चा करें!

□

# 14

# 101 माइक्रो Habits दिनचर्या की बाधाएँ एवं चुनौतियाँ : क्या करें ?

आदतें आमतौर पर तार्किक रूप से अच्छी तरह प्रारंभ होती हैं। आप इस नई दिनचर्या के प्रति उत्सुक और परिवर्तन करने के इच्छुक हैं। आप अपनी दिनचर्या बनाएँ और तात्कालिक सकारात्मक लाभ देखें। बहरहाल, जीवन में कुछ-न-कुछ हमेशा होता है, जो आपके मार्ग में रुकावट उत्पन्न करता है। यदि आपको किसी एक या दूसरे कारण से अपनी दिनचर्या रोकनी पड़े तो उससे निपटने हेतु किसी योजना की कुंजी आपके पास होनी चाहिए। संभावित कारणों में छुट्टियाँ, बीमारियाँ एवं आपात स्थितियाँ शामिल हैं।

लोग अकसर अपनी दिनचर्या आलस्य के कारण नहीं छोड़ते, बल्कि बाहरी गतिविधियाँ कुछ दिनों हेतु उनके प्रयासों की गाड़ी को पटरी से उतार देती हैं। दिनचर्या पूरी किए बिना बिताए गए कुछ दिन बड़ी तेजी से सप्ताहों में बदल जाते हैं और वे नहीं जानते कि उन्हें पुनः कैसे आरंभ किया जाए ?

यदि आपके साथ ऐसा होता है तो सौभाग्यवश, कुछ उपाय हैं, जिनसे आप इसे रोक सकते हैं।

## रणनीति 1 : एक वैकल्पिक योजना तैयार करें

यह एक तथ्य है कि आपकी दिनचर्या में बाधाएँ उत्पन्न होंगी। चूँकि ये सदैव अपेक्षित होती हैं, इसलिए उन्हें हतोत्साहित हुए बिना स्वीकार कर लेना ही अच्छा है। इन बाधाओं हेतु स्वयं को उत्तरदायी न मानते हुए क्षमा कर दें और आगे बढ़ें। हो सकता है कि थोड़ी देर के लिए आपको अपनी दिनचर्या रोकनी पड़े; परंतु रुकावट हेतु अपने ऊपर क्रोधित हुए बिना उन भावनाओं को प्रेरणा के रूप में परिवर्तित करते हुए अगले दिन दिनचर्या पूर्ण करें।

रुकावट का एक बड़ा उदाहरण छुट्टियाँ हैं। ये आपकी दिनचर्या को बाधित कर सकती हैं; क्योंकि बाहर जाने के बाद न तो आपके पास अपनी सामान्य दिनचर्या पर अमल करने का स्थान होता है और न ही पर्याप्त समय। 'वैकल्पिक योजना' आपको इस बाधा से उबरने और आदत दिनचर्या को सफल बनाने का अवसर प्रदान करती है।

वैकल्पिक योजना को कार्यान्वयन अवधारणा के रूप में भी जाना जाता है, जो आपकी दिनचर्या पूर्ण न करने के कारकों की पहचान करती है। ऐसे बाधक तत्त्वों के उभरने पर आपका कर्तव्य उनसे निपटने की योजना बनाना है।

उदाहरण के लिए, हम कहते हैं कि आपको नियमित तौर पर ऑनलाइन अपना बैंक खाता देखने की आदत है; परंतु आज इंटरनेट काम नहीं कर रहा। क्या आपके पास कोई विकल्प है? यदि आप

अपना खाता ऑनलाइन नहीं देख सकेंगे तो बैंक में फोन करके खाते की बकाया राशि की जानकारी लेंगे।

## रणनीति 2 : अपने प्रेरक तत्त्वों को जानें

सचमुच, वैकल्पिक योजना के निर्माण हेतु आपको प्रेरक तत्त्वों का ज्ञान आवश्यक है। अपने भटकानेवाले बुरे तत्त्वों को जानें और बुरी आदतों को पहचानें, जो आपको उद्विग्न कर 101 माइक्रो Habits दिनचर्या पर नकारात्मक प्रभाव डालती हैं। अपनी नकारात्मक आदतों की पहचान आपकी दिनचर्या विकसित करने में सहायक होगी। शायद आप एक स्वस्थ जीवन-शैली अपनाना चाहते हैं, परंतु आदतन फास्ट फूड खाते हैं। जब ऐसा हो तो उसे समझें और उसके प्रेरक तत्त्वों को पहचानें।

उदाहरणार्थ, क्या आप दिन का खाना छोड़कर मजे से फास्ट फूड खाते हैं ? हो सकता है कि मूड खराब होने पर आप केवल फास्ट फूड ही खाते हों। यही वे प्रेरक तत्त्व हैं, जिन्हें पहचानना महत्त्वपूर्ण है, ताकि आप उन्हें एक वैकल्पिक योजना बनाकर एक ओर झटक दें और सकारात्मक परिवर्तन करना जारी रखें। यदि मैं लंच में अच्छा और स्वास्थ्यप्रद भोजन करूँगा तो शाम को वापस घर लौटते समय मुझे भूख नहीं लगेगी और फास्ट फूड रेस्तराँ में जाने की भी कोई जरूरत नहीं होगी।

वैकल्पिक योजनाएँ बुरी आदतों को परास्त कर अच्छी आदतें पैदा करेंगी; परंतु यदि आप अपनी 101 माइक्रो Habits दिनचर्या को एक झटके में त्यागने से स्वयं को नहीं रोक पाएँगे, तब क्या होगा ?

**आइए, थोड़ी बड़ी तसवीर पर नजर डालें :** केवल एक या

दो नहीं, बल्कि समग्र दिनचर्या छूटने के बारे में सोचें। यदि ऐसी स्थिति उत्पन्न भी हो जाए तो आपको दिनचर्या को दोबारा शुरू करने का ज्ञान होना चाहिए।

## रणनीति 3 : सारी अपेक्षाएँ घटाएँ

दिनचर्या पूरी करने हेतु पड़नेवाले आवश्यक दबाव और अपने ऊपर अत्यधिक दबाव डालने के मध्य एक सूक्ष्म रेखा है। अत्यधिक दबाव वास्तव में नकारात्मक प्रतिक्रिया उत्पन्न कर सकता है, जो आप कतई नहीं चाहते।

वास्तविकता से अधिक कार्य लेकर उसे पूरा करने का प्रयास करने की बजाय कम कार्यभार पर ध्यान दें, परंतु केवल अति महत्त्वपूर्ण आदतों का निष्पादन सुनिश्चित करें। अपनी 101 माइक्रो Habits दिनचर्या का निर्माण करते समय इस तथ्य को हमेशा ध्यान में रखें। आपात स्थिति में अधिक काम निपटाना सरल है, इसे मैंने स्वयं अनुभव किया है। बहरहाल, यदि आप अपनी प्लेट को उसकी क्षमता से अधिक भरेंगे तो उसमें से कुछ-न-कुछ बाहर जरूर गिरेगा।

## रणनीति 4 : छोटी दिनचर्या से शुरू करें ( पुनः )

शुरुआत निरुत्साहित करनेवाली हो सकती है; परंतु जब बात 101 माइक्रो Habits दिनचर्या की हो तो यह आवश्यक है। यदि आप कोई नई शुरुआत करना ही चाहते हैं तो छोटी दिनचर्या से करें। अपनी दिनचर्या को पटरी पर लाने हेतु कुछ छोटी आदतों पर ध्यान केंद्रित करें। आपकी आदतें जितनी अधिक छोटी होंगी, उतनी अधिक अच्छी तरह

आप उसकी शुरुआत करके उसे पूरा कर सकते हैं।

दिनचर्या की दीर्घता पर ध्यान देने की बजाय छोटी उपलब्धियों पर नजर डालें और अपनी दिनचर्या से जुड़े रहने पर अधिक ध्यान केंद्रित करें। जब दिनचर्या पर आपकी पकड़ बन जाए तो आप उसमें अन्य आदतें भी शामिल कर सकते हैं। एक दिन में एक से अधिक दिनचर्या न छूटे, इस बात को कभी न भूलें।

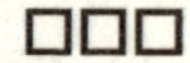